组织社会化视角下的
新生代员工工作投入研究

徐 嘉 著

WUHAN UNIVERSITY PRESS

武汉大学出版社

图书在版编目(CIP)数据

组织社会化视角下的新生代员工工作投入研究/徐嘉著.—武汉：
武汉大学出版社,2019.8
ISBN 978-7-307-20882-7

Ⅰ.组… Ⅱ.徐… Ⅲ.企业管理—人力资源管理—研究
Ⅳ.F272.92

中国版本图书馆 CIP 数据核字(2019)第 080881 号

责任编辑：李 晶 责任校对：王一洁 装帧设计：王丽君

出版发行：**武汉大学出版社** （430072 武昌 珞珈山）
（电子邮箱：whu_publish@163.com 网址：www.stmpress.cn）
印刷：北京虎彩文化传播有限公司
开本：720×1000 1/16 印张：7.25 字数：142 千字
版次：2019 年 8 月第 1 版 2019 年 8 月第 1 次印刷
ISBN 978-7-307-20882-7 定价：60.00 元

前　　言

　　新生代员工是指在 20 世纪八九十年代出生,如今已进入职场的人群。国内外相关研究发现,与上一代员工相比,新生代员工所处的经济、社会文化背景发生了翻天覆地的变化,在能力、需求特征和主动性人格等方面均存在明显的差异。这些不同的心理需求和个性特征进一步影响了他们的离职率和工作表现,从而使企业已有的管理方式与新生代员工不相匹配。把握新生代员工在组织社会化中的独特特征,了解新生代员工工作需求的变化,运用恰当的组织社会化策略帮助他们降低进入组织的不确定性,使其尽快融入组织,并增强他们的心理资本,进而提升新生代员工的工作投入程度,是本书研究的初衷,也对人力资源管理实践界和理论界都具有重要的意义。对于迅速发展的中国企业而言,如何让大量新生代员工迅速成长并融入企业成为亟须解决的问题。因此,对新生代员工组织社会化的研究具有重要的理论意义和实践价值。

　　组织和员工之间的关系是组织管理的重要内容。面对这些因新生代员工引起的低水平的组织承诺和工作绩效问题,如何对其进行有效的管理已成为学术界和企业关注的热点。但已有的文献鲜见揭示新生代员工的不同特征及其对组织社会化的影响机理,也没有深入探讨新生代员工组织社会化有何积极的影响。本书在中国情境下,开展对新生代员工心理需求、主动行为与组织社会化关系,组织社会化、心理资本与工作投入关系的研究。研究的主要内容包括①考察新生代员工与上一代员工的差异,进一步探讨不同的主动行为和心理需求对其组织社会化的影响;②考察新生代员工组织社会化对其工作行为的积极影响,主要聚焦在工作行为中的工作投入方面,具体而言,包括新生代员工在组织社会化中的主动行为和心理需求对工作行为的影响研究,组织社会化对工作投入的影响研究,员工心理资本的中介作用和领导心理资本的调节作用研究等。

　　本书的研究旨在探讨新生代员工这个特殊群体在组织社会化中的变量,由于目前国内外对新生代员工的心理需求和主动行为研究没有成熟的量表,而对组织社会化、心理资本与工作投入的研究则有成熟的量表,因此进行单纯的质性研究或者实证研究都不太可行。鉴于此,本书尝试在关于组织社会化的以往研究的基础上,结合动态效应模型,采用质性研究和实证研究相结合的方法来考察新生代员工组织社会化的相关因素。本书首先采用扎根理论开展探索性研究。然后,在构建新生代员工组织社会化影响因素模型的基础上,进一步用实证方法研究组织社会化通过员工心理资本对其工作投入的积极影响。通过研究、探索组织社会化对新生代员工工作投入的作用，建立以新生代员工心理资本为中介变量、领导心理资本为调节变量的组织社会化与工作投入关系模型。本书的研究以企业新生代员工为主要施测对象，主要考虑的人口特征变量包括性别、职位、学历、工作年限、工作类型；组织特征变量包括小组成员数量，通过对234名新生代员工和36名管理者进行问卷调查，采用探索性因素分析、验证性因素分析、单因素方差分析和多元层次回归分析等多种统计分析技术。

本书研究表明，心理需求、组织期望、组织支持、主动行为均对新生代员工的组织社会化程度存在显著影响，并由此探索性地构建了"需求-认知-行为"理论模型，很好地解释了新生代员工独特的心理需求和主动行为对其组织社会化的影响。本书还进一步表明新生代员工的组织社会化正向影响到了他们的工作投入；新生代员工的心理资本水平在组织社会化和工作投入之间起到了中介作用；领导心理资本在组织社会化和工作投入、员工心理资本和工作投入之间起到了积极的调节作用。研究发现当领导心理资本程度更高时，新生代员工的组织社会化和工作投入的正向关系就得到了强化，新生代员工的心理资本和工作投入的关系也得到了强化。

本书的研究成果具有积极的理论价值，不仅证实了Vroom(1964)的"需求-期望-工具"理论，而且进一步拓展了该理论，表明新生代员工的时代特征、个性与能力会对其心理需求有所影响；新生代员工的组织期望通过匹配感知对组织社会化程度产生影响；新生代员工的主动行为在匹配感知对组织社会化程度的影响中具有调节作用。本书既丰富了组织社会化的相关文献，又整合了组织社会化、工作投入和心理资本的主流文献。

本书的研究成果还具有实践意义，对中国企业中新生代员工组织社会化和工作投入关系的研究，可以为企业管理者提高新生代员工工作投入水平，降低新生代员工离职率，提高其贡献率，提供一定的借鉴。研究新生代员工组织社会化可以帮助企业中的新生代员工更好地适应组织，充分调动新生代员工的工作积极性，稳定组织中的成员以提升企业竞争力，还可以为企业进一步做好人力资源管理工作提供借鉴。这是本书研究的实践意义之所在。

本书还对新生代员工组织社会化、心理资本和工作投入研究的局限和后续发展方向进行了说明。

本书得到了教育部人文社科青年基金项目(19YJC630190)和中央高校基本科研业务费专项资金(1203—413000031/410500077)的资助。

由于作者水平有限，书中难免有疏漏和不足之处，衷心希望广大读者批评指正。

徐　嘉

2019 年 3 月

目　　录

第一章　绪　　论

第一节　研究背景、意义与目的

一、问题的提出

在国外,出生于 1980 年以后的那代人,被叫作"Y 一代"。在我国也有另一种贴切的称呼,即"80 后""90 后"。这些出生于 20 世纪八九十年代的人,可以通称为新生代。随着年龄的增长,越来越多的"80 后""90 后"进入就业的队伍,成为职场的主力军。而员工的价值观会因为出生年代不同而存在差异(Piktialis,2006)。同"80 前"员工相比,"80 后""90 后"有着不同的成长背景和环境,这些对其行为方式和价值观均会产生影响。新生代员工与上一代员工的工作行为和态度有很大差别,使得企业管理者容易迷失管理方向。新生代员工的管理问题日益严重,特别是工作倦怠和离职率高的问题,使新生代员工受到学术界、企业及社会的高度关注。新生代员工是组织的主要组成元素,作为企业的人力资本保障着企业的长期发展,而企业的核心竞争力是通过其专业知识和创新能力,以及工作技能来体现的。因此,如何减少新生代员工的离职意向,促进其工作投入程度,引起了企业管理者和研究者的重视。美世咨询的调研结果显示,新生代员工的离职会给我国企业带来支付高薪或过高招聘成本的难题。2004 年,国家劳动和社会保障部劳动科学研究所联合北森测评网的调查结果表明,我国"80 后"员工跳槽的频率较高,82% 的员工有过一次及一次以上的跳槽经历。同时也有研究指出新生代员工在入职两年为最容易离职(Fisher,1986),原因包括员工能力与企业竞争环境不相匹配,理想和现实之间存在差距,成长空间小等。新生代员工的另一个问题是工作倦怠,也就是"职业倦怠"问题,它是一种筋疲力尽的身心状态,产生于工作负荷和压力之下,进而使人对工作感到厌恶,最终身心能量在工作中慢慢消失殆尽(Maslach,Jackson,1986)。

一方面,组织对新生代员工的管理过程实质上是一个使新生代员工尽快适应新环境,更好地进入工作状态的组织社会化过程(Bauer,Green,1998)。有效的组织社会化可使新生代员工认同组织的价值观,掌握相应的技能,建立组织内外良好的同事关系。因此,组织社会化对于形成企业独特的竞争力,促进新生代员工在组织中取得好的工作绩效和充分发挥工作潜力是至关重要的(王明辉,2006;王雁飞,朱瑜,2006;王明辉,凌文辁,2006)。新生代员工的心理需求和主动行为对他们的组织社会化程度会产生重要的影响(Gruman,Saks,Zweig,2006;Kim,Cable,Kim,2005)。新生代员工与上一代员工在心理需求和主动行为等方面存在差异性,从而应针对其特点制定相应的管理措施(Kehrli,Sopp,2006;周霞,张剑,唐中正,2009)。但是,已有的文献并没有揭示这些特征对新生代员工组织社会化的影响机理,也没有深入探讨企业应该如何根据新生代员工的特征来实施组织社会化策略。因此,需要进一步研究新生代员工的心理需求和特征对其组织社会化有何影响,企业应如何针对这些特征实施有效的管理策略。

另一方面,组织社会化对员工的工作态度和工作行为有一系列积极的影响。有效的组织社会化对组织和员工均具有积极的作用(Feldman,1994),对员工的工作绩效、工作态度,以及其对组织的认同和适应均具有显著的积极影响(Chao et al,1997)。然而,现有关于组织社会化对员工工作投入影响的研究还很少见,多数研究尚局限在组织社会化对工作承诺、工作满意度等工作态度的影响方面。纵观组织社会化相关研究,有关积极组织行为学的结果变量最少,且在理论研究和实证研究方面存在着严重的失衡。因此,本书希望进一步探讨组织社会化对新生代员工积极工作结果变量——工作投入的影响及其内在机制。

基于以上的分析和考虑,本书尝试在组织社会化现有研究的基础上,结合动态效应模型,采用质性研究和实证研究相结合的方法来考察新生代员工的组织社会化。先采用质性研究找出新生代员工组织社会化的影响因素,得出理论基础,再用量化研究的资料来帮助解释、深化新生代员工组织社会化对其工作投入的影响机制和影响边界。据此,本书将研究内容界定为两个部分:一是通过质性研究考察新生代员工与上一代员工不同的工作特征,进一步探讨新生代员工的主动行为和心理需求对其组织社会化程度的影响;二是通过实证研究考察新生代员工由于组织社会化产生的积极工作行为,将员工的组织社会化与工作投入程度挂钩,并试图探讨员工心理资本的中介作用和领导心理资本的调节作用等。

二、理论背景

在全球化经济时代,一个企业的成功依赖于它的人力资本——员工。能够成功地管理新生代员工,实现劳动力价值的转换,不断提高企业产品和服务,是现代企业管理的重点和领导者的必备能力(Quinn,Anderson,Finkelstein,1996)。企业在管理新生代员工时,要注重对新生代员工的引导,制定高效的激励体制,激发其工作热情。现阶段,"80后""90后"是企业新员工主体,他们与企业老员工有一些共同点,也有一些差异,因此在组织社会化和管理方式上既存在一些共性,也存在一定的差异,必须区别对待。以往研究表明,新生代员工与上一代员工在个性特征、心理需求偏好上都有差异,从而对组织社会化也造成了影响。还有研究认为,新生代员工和上一代员工的时代背景、教育背景、个性特征都不同。因此,本书首先用扎根理论的研究方法解释新生代员工组织社会化特点产生和形成的原因,用实证的方法进一步探讨新生代员工组织社会化会产生的积极作用。本书重点研究新生代员工的组织社会化,以期帮助企业提高对新生代员工管理的效率和质量,为建立健全面向新生代员工的管理制度提供积极的指导价值。

新生代员工的组织社会化研究目前还处于摸索阶段,当前企业新生力量的主体为"80后""90后"。对组织社会化的研究表明,在公司的管理过程中,企业规章制度和企业文化全部是依靠新员工的组织社会化来实现的,同样,企业规章制度和企业文化的形成也受到组织社会化的影响。企业人力资源的管理方式和组织社会化方式与员工的工作面貌和离职率有着直接的联系。在通常情况下,科学的组织社会化策略不仅能够吸引新生代员工,还能促进新生代员工的工作投入,维护企业的人员稳定;而不同的组织社会化程度会带来相应的工作行为和工作态度。通过现有文献可以发现,当组织充分认识到新生代员工的工作需求和个性偏好后,就能够实现人尽其才的目的,让员工的付出得到充分的肯定,并能最大限度地避免员工由于不适应岗位而懈怠工作或者选择离职的现象出现。对于企业而言,如果人力资源管理者能够对企业员工有充分的了解,掌握员工的特长、偏好的管理风格、工作方式,然后结合这些要素合理地安排员工的工作岗位,就能够最大限度地提高人力资源的利用率,创造更大的价值。对于新生代员工而言,如果工作岗位特别适合自己,具有实现自我价值的作用,他们将会加倍投入工作中,在岗位上做出更多的贡献。

工作投入作为积极组织行为的一个核心概念,对于组织和员工有着重要的意义。影响员工工作投入的因素众多,如人口统计变量、个体差异、工作经历、工作资源、领导风格,等等。然而目前,组织社会化对工作投入影响的相关理论研究还没有出现。每一个员工从进入企业到融入企业都需要一个组织社会化的阶段,因此,组织社会化对于员工入职后的工作态度和行为具有突出的影响。现阶段,全球范围内的不少学者都对组织社会化和组织承诺之间的内在联系进行过分析,分析表明,不合适的组织社会化策略对新员工离职、工作懈怠起到了主导作用(Fisher,1986)。大部分学者将组织社会化研究的重点放在如何协调组织与员工的匹配程度上,虽然员工与组织的匹配程度能够体现新生代员工对工作内容、工作技能、自身角色和组织文化的认识、理解和掌握情况(Bauer,Bodner,Erdogan,2007),但它忽略了组织社会化与积极工作行为的关系。本书认为,组织社会化对工作投入具有积极的影响,员工心理资本在以上关系中起到了中介作用,另外,我国有五千年的历史,儒家文化在中华民族文化的形成过程中发挥了重要作用,直到现在还影响着我国人民的思想和行为。结合Hofstede的研究可知,在中国的社会文化中,组织中的领导对新员工的行为和态度具有主导作用。在集体主义文化中,领导自身的特征对组织社会化的影响可能起到调节作用。本书从社会学和管理学的理论出发,将员工心理资本作为中介变量,领导心理资本作为调节变量,对新生代员工组织社会化与工作投入的积极关系进行分析,具有创新价值,并对企业领导者调整企业制度和企业文化,提高新生代员工的工作投入具有重要参考价值。

三、研究意义

1.理论意义

第一,丰富和拓展了工作投入理论。1970年左右,"工作投入"一词被首次提出。此后,国外学者围绕工作投入进行了大量的研究。1995年以后,我国学者才正式开始对工作投入进行分析。有的学者发现以往的研究将重点放在工作投入的结果或者影响机制上,而很少有人研究工作投入的前因变量——组织社会化。因此,对新生代员工工作投入进行研究,有利于进一步明晰新生代员工对组织社会化的积极作用,为完善和深化工作投入理论奠定了基础。

第二,深化了组织社会化理论。组织社会化实质上是新员工从进入企业到完全融入企业的过程。组织社会化对新员工入职后的工作行为、工作态度及留职意向都具有直接的影响。当前,国内外学者研究组织社会化主要集中在员工学习、员工调整,以及员工-组织匹配几个方面,进而分析组织社会化对员工工作行为和态度的影响。但是,关于组织社会化积极作用的心理机制却几乎没有涉及。因此,本书运用扎根理论和实证的方法,挖掘了新生代员工组织社会化的特征及其积极作用,一方面有利于全面、深入地了解组织社会化对新生代员工工作行为和态度的关系,弄清组织社会化、员工心理资本和工作投入三者之间的内在联系,从而为企业科学地引导新生代员工的组织社会化过程奠定了基础;另一方面,还将西方学者的研究理论运用到在中国文化背景下进行的有效性和可靠性检测,有利于进一步丰富和完善组织社会化研究成果。

第三,将心理资本引入组织社会化研究过程中,扩展了组织社会化的影响机理研究。我国学者对组织社会化的研究,主要是在外国学者研究的基础上,结合具体的案例,对外国学者构建的模型进一步完善,重点分析组织社会化策略及其造成的影响,没有对组织社会化过程进行系统、深入的研究。随着生产力不断发展,产品科技含量的不断提升,人力资源已经成为影响企业发展的主导因素,成为企业的资本性资源。本书基于社会学和管理学层面,将心理资本作为中介变量和调节变量,结合中国传统文化研究新生代员工组织社会化和工作投入之间的内在联系,为组织社会化、心理资本和工作投入三者之间关系的研究提供了重要的参考价值。

2.实践意义

第一,可以帮助新生代员工缓解就业压力,提高工作热情。新生代员工是我国就业大军的重要组成部分,目前,虽然就业压力进一步提高,但是还是有众多新生代员工进入企业一段时间后就选择离职。新生代员工离职具有两个特点:多发性和易发性。在国家教育政策的引导下,我国高等教育逐渐实现大众化,使得每年从高校毕业的大学生数量逐年递增。这些大学生将成为企业新生力量,也成为企业优先招聘的对象,这有利于提高企业人才队伍的素质,有利于推动企业的可持续发展,因此,新生代员工的组织社会化和工作投入会对企业的人力资源工作及长期发展战略产生一定的影响。新生代员工的组织社会化不充分、工作投入水平低成为其离职的重要因素。如果一个企业的新生代员工离职率一直保持在较高的比例,那么企业人力资源管理部门会在招聘时排斥新生代员工,从而进一步增加新生代员工的就业压力。所以,对新生代员工组织社会化进行研究可以帮助新生代员工更好地进入社会,完成角色的转换,提升自我价值。

第二,可以为企业有效管理新生代员工提供参考价值。组织管理者可以基于员工群体特点,对新生代员工进行有效的组织社会化,提高其心理资本能力和工作投入水平,降低他们的离职率。现阶段中国企业新生代员工主要由"80后""90后"组成,其中"80后"为主力军,出生在这个年代的员工个性张扬,自我意识强。然而,由于生长环境的优越,他们容易忽视集体利益,而更强调个人利益,追求个人价值实现。因此,企业的人力资源管理者在招聘新生代员工时,为了让员工尽快融入企业、在工作岗位上做出更大贡献,需要对新生代员工的组织社会化进行管理,加强对新生代员工的引导和激励,这也是当前我国学者和企业管理者探讨的重点课题。本书基于新生代员工组织社会化过程中的特点进行研究,并对组织社会化、心理资本和工作投入之间的关系进行分析,对于企业进一步针对新生代员工调整组织社会化策略,提高新生代员工和企业领导心理资本,激励员工投入工作,在岗位上做出更大的贡献具有十分突出的作用,也对提高企业人力资源管理的工作效率具有积极的参考和指导价值。

第三,有助于企业降低招聘和管理成本,强化人力资源的管理、开发和运用,提高企业的经营效益。在当前我国强调积极心理资本可以促进组织竞争优势的背景下,本书研究的实践意义在于帮助企业管理者全面认识员工的积极心理力量——心理资本和工作投入,通过开发新生代员工的心理力量及促进他们的工作行为,从而帮助企业更好地对人力资源进行管理、开发和运用。对于领导来说,应该充分对其说明新生代员工组织社会化影响的重要性,及其对新生代员工心理资本形成的重要影响;新生代员工个体在组织社会化过程中也扮演着重要角色,新生代员工必须在陌生的企业文化环境中,主动寻找各种信息,并在组织提供信息时,敏锐地加以反应,以便更快地融入企业文化环境中。在员工招聘及甄选方面,Lee等(1992)指出新生代员工的一些初始特性(如积极主动性)会影响组织社会化可能产生的结果,而本书也得出员工的心理资本对社会化产生积极结果的关键作用的结论,因此更要加大管理企业招聘员工的力度,并关注新生代员工的甄选工作,在前期就录用心理资本水平较高的员工和管理者。

四、研究目的

鉴于以上分析,本书的研究具体有以下两个目的。

第一,基于社会学习理论和组织社会化理论,研究影响新生代员工的心理需求和主动行为的因素;新生代员工与上一代员工在心理需求和主动行为上的差异;进一步揭示新生代员工心理需求和主动行为对其组织社会化的影响。本书从新生代员工的心理需求和主动行为出发,运用扎根理论的研究方法,通过搜集新生代员工的相关研究成果,发现了新生代员工的独特心理需求和主动行为对其组织社会化的影响,进而提炼出影响组织社会化的"需求–认知–行为"模型,并运用社会学习理论和期望理论解释了形成该影响过程的深层机制,为促进新生代员工加速组织社会化提出了针对性的管理建议。

第二,研究新生代员工组织社会化与工作投入之间的关系,探索分析新生代员工心理资本在组织社会化和新生代员工工作投入之间的中介作用;研究领导心理资本在新生代员工组织社会化与工作投入之间的调节作用;研究领导心理资本在新生代员工心理资本和工作投入之间的调节影响。本书通过研究、探索新生代员工组织社会化与心理资本、工作投入的关系,建立了以新生代员工心理资本为中介变量、领导心理资本为调节变量的新生代员工组织社会化与工作投入关系模型。此外,在此理论模型的指导下,基于积极组织行为层面的研究,总结出有利于提高新生代员工工作投入的建设性管理策略,并提出有利于激发员工的工作热情、提高员工的贡献率、转变其工作态度、降低离职率的具体可行的管理策略。

第二节　相关概念简述

一、新生代员工

从已有文献来看,国内外对新生代员工的普遍定义是指 20 世纪八九十年代出生并已进入职场的群体。Zeemke、Raines 和 Filipczak(2000)认为共同的事件影响着同时代的人,正是因为他们共享着相同事件背后的特定思维、价值观和行为模式,所以不同年代的人群思维和行为也大不相同。国外将新生代定义为"Y 一代",也称为"千禧一代"(millennia's)、"三 W 一代"(generation www)、"数码一代"(the digital generation)、"回声潮一代"(echo boomers)、"网络一代"(the net generation)等;我国则称新生代为"80 后""90 后"。不少外文文献关注了新生代员工与上一代员工的不同之处,分析了新生代员工的自身特征,并提出管理和激励新生代员工的方法,同时也有学者从组织层面提出了使新生代员工融入组织的措施。

国内的相关研究认为,由于新生代员工区别于上一代员工的特有成长经历及背景,形成他们与上一代员工迥异的人生观、价值观、事业观和工作行为特点。他们在工作中呈现出个性张扬、追求自由等特征;他们不崇尚服从领导权威,敢于挑战老员工,注重自己的工作目标,不轻易认可企业的规则和制度,也不轻易认同企业的文化,因此,一旦对企业的领导或者同事不满意,往往以跳槽的方式表达不满。同时,因为新生代员工的心理容易波动、自尊心强、抗挫折能力较弱,所以一旦在工作中遇到挫折,他们会用不太理智的方式加以解决。同时,新生代员工也表现出更强的学习领悟能力，他们普遍受教育程度比上一代要高，思想的束缚少，因此更具创造力和想象力，对新鲜事物和外来文化更容易接受。大多数新生代员工多才多艺、能说会道，具有"初生牛犊不怕虎"的雄心和勇气。毫无疑问，传统的人力资源管理模式，并不能继续满足现阶段对新生代员工行为进行约束及制衡的需要。

新生代员工流动性大，对组织忠诚度低（Rowh,2007），他们在组织承诺各个维度上的平均分都低于上一代（刘红霞,2010），受个人成长因素和工作氛围因素激励的程度高于"70后"，低于"60后"（杨骏,2008）。无疑，新生代员工的个性与企业现有的组织社会化策略不相融合，从而可能会造成其离职行为。

新生代员工在工作中具有强烈的好奇心和求知欲，喜欢主动从开放和自由的工作环境中寻找乐趣（Kehrli,Sopp,2006）；积极寻求其他人的看法，希望自己的工作行为得到有效的指导和反馈（陈诚,文鹏,2011）。与上一代员工被动接受工作安排和组织规则等相比，新生代员工在工作中的主动性、学习意愿更为强烈。从新生代员工的个性特征和需求来看，他们比上一代员工更加重视生活质量和工作环境，追求工作与生活的平衡（Eisner,2005）。有研究者通过问卷调查发现，新生代员工和上一代员工的工作价值观也存在差异，多了工作与家庭取向这个新的维度（周霞,张剑,唐中正,2010），并发现"80后"知识型员工的工作需求层次包含收入与保障、组织支持、工作与生活平衡、工作自主、尊重与自尊、成长与发展、自我实现等七个层次（裴宇晶,2009）。从Alderfer(1969)的人本主义需求理论来看，新生代员工的需求处于关系和成长的高层次需求，这为企业带来了人力资源管理实践方面的挑战。

国外学者对新生代员工特点的相关研究成果具有一定的借鉴意义。但因社会经济和时代环境的差异，以及生育政策和家庭养育方式的不同，这些研究成果还不能完全诠释我国新生代员工的特点，因而对我国企业管理者的帮助存在局限。同时，国内外就新生代员工组织社会化与积极组织行为学的核心概念（如心理资本、工作投入）的关系研究也很鲜见。本书运用扎根理论的研究方法，详细描述了国内新生代员工的特征，针对其特点，从组织社会化策略的角度为企业提出了具有针对性的措施与建议，同时还运用多层回归分析的方法探讨了新生代员工组织社会化程度与心理资本、工作投入的关系，本书的研究成果对于新生代员工的研究具有重要的学术价值。

二、组织社会化

组织社会化是指利用导师制、培训等方式使新员工学习到组织规范、文化、工作技能的相关知识，从而形成与工作相匹配的工作态度和工作行为（Van Maanen,1979）。有效的组织社会化过程对于学者和管理者都具有相当大的实践启示。当新员工没有被充分地组织社会化，他们往往会轻易辞职或者产生工作倦怠（Fisher,1986），这会使企业工作紊乱、生产效率降低（Shaw,Gupta,Delery,2005），并且使组织在招聘、选用和培训方面的成本增加（Wanberg，Kammeyer-Mueller，2003）。除了要避免经济上的损失，组织还需要新员工被充分地社会化，这是因为劳动力现在变得更具流动性，其对组织的忠诚度正在下降，充分的、有效率的社会化是一个防止他们认知和行为倒退的有效办法，还可以降低他们对融入组织并圆满完成工作的焦虑感（Carr，Pearson，Vest et al，2006）。

最近关于组织社会化的研究是从传统的人与组织交互的角度出发，探讨新员工自我社会化的主动性与组织社会化策略相结合对新员工调试的影响（Cable，Kim et al，2009）。研究者们认为在这种范式之下，有一种隐含的机制：社会资本（比如信息），即新员工通过获得社会资本来与组织内部人员互动和交流。研究者已经发现了两种特定的显著的社会资本：组织社会化策略和新员工主动性（Bauer et al，2007），它们相互依赖，交互影响了新员工的社会化程度。

尽管探索组织社会化的过程已硕果累累，论证了在促使新员工进入组织的调试过程中组织社会化起着重要的作用，但是员工的特征对组织社会化有何影响，还需要进一步的研究（Bauer et al，1998）。首先，大多数组织都通过采取各种措施促进新员工对组织的适应度，加快其调整速度，从而减弱模糊感及不确定感（Van Maanen，1979）。Jones（1986）操作化定义了组织社会化策略，认为其有一个连续的维度，包括制度化策略（集体的、正式的、连续的和固定的策略）和个人化策略（个人化的、非正式的和随机的策略）。简而言之，在制度化策略下，新员工可以获得组织正式的社会支持，他们会经历常规的学习体验，会有清晰的、连续和固定时间的训练，以及导向化的活动。在个人社会化策略下，新员工处于个人化的学习过程中，他们在这个过程中只能依靠自己，没有得到组织的帮助和组织内部人员的反馈（Ashforth，Saks，1996；Bauer et al，2007；Bauer et al，1998；Jones，1986；Saks et al，2007）。大多数研究都认为组织社会化策略有一个从个人化策略到制度化策略的连续的维度，因为这些策略都高度地相互联系（Ashforth，Saks，Lee，1998；Bauer et al，2007；Kim et al，2005；Lueke，Svyantek，2000）。在这些研究中，本书认为组织社会化策略和员工特征是相互联系的。进一步来说，本书认为一些适当的、有针对性的策略与新生代员工获得更好的社会化结果有着紧密的关系。

另外，大量的实证研究表明组织社会化内容的学习会帮助新员工在调适中的学习（比如角色澄清、任务掌握、组织社会化知识掌握）和同化（比如社会化整合和社会组织认同）（Bauer et al，2007；Bauer et al，1998；Saks，Ashforth，1997；Saks et al，2007）。然而，组织社会化的学习对新员工积极作用的内在影响机制还很少有人研究。社会化研究者（Klein，Heuser，2008；Saks，Ashforth，1997；Saks et al，2007）希望进一步研究这些内在机制。在他们的元分析研究中，Saks 等[①]认为，"我

---

① Saks A M, Uggerslev K L, Fassina N E. Socialization tactics and newcomer adjustment: A meta-analytic review and test of a model. Journal of Vocational Behavior, 2007, 70(3): 440.

们已经知道可以通过组织社会化策略对新员工的调整状态进行预测,现阶段则应做更多的研究来探讨为什么。将来的研究可以发展和验证其他模型,以解释组织社会化策略和新员工调整的关系"。尽管,有少量研究已经将新员工的沟通行为(Mignerey,Rubin,Gorder,1995)和信息获取(Saks,Ashforth,1997)作为内在的机制,但是他们仍然没有研究组织社会化如何为新员工提供资源,进而促进其工作投入。

本书基于组织社会化的理论研究视角对新生代员工特征及其组织社会化的重要性做出了重要的解释,认为新生代员工的主动行为和心理需求会对其组织社会化产生影响。本书进一步关注新生代员工组织社会化对工作投入的积极作用,认为他们能够通过社会化内容的学习,产生心理资本,进而促进其工作投入。

三、心理资本

心理资本是积极组织行为学的核心概念。积极组织行为学是一门研究组织中积极的人力资源和心理状态的学问,这些资源和类状态可以被测量、发展,并且能够被用来促进工作中的绩效(Luthans,2002)。积极组织行为学的核心在于积极的类状态的能力,这些能力是可变的,因此是可以发展的。有四种类状态的能力是积极组织行为学的研究核心:自我效能感、希望、乐观和韧性。Luthans 等将这四种类状态的能力整合为一个多维度、高阶的概念,称为心理资本。

自我效能感是一个人的自我信念,是对其能力的信心,可以用来调动自身动力、认知资源和行为来完成特定的任务(Stajkovic,Luthans,1998)。积极组织行为学的核心在于自我效能感是可变的,不像一般效能感,自我效能感是类状态的(Luthans,2002)。自我效能感同一系列与工作绩效正相关的能力相关,包括创造性、学习能力、企业精神和领导力(Luthans,Youssef,2007)。在最近的元分析中,Bauer 等(2007)发现组织社会化策略,不包括信息寻找,与自我效能感积极相关,而自我效能感与一些员工调整的结果变量正相关。Gruman、Saks 和 Zweig(2006)发现高自我效能感的员工更容易投入主动行为中,还发现自我效能感与社会整合程度、工作满意度等社会化结果变量正相关。

Snyder、Rand 和 Sigmon(2005)认为希望是人们的一种信念,相信自己可以发现途径来达到目标,并会发掘动力来寻找这些途径。自我效能感和希望具有同等重要的地位,自我效能感是面向特定情境的目标,而希望是面向跨情境的目标(Snyder et al,2005)。虽然希望具有类状态的特征,它依然与相关的积极事件相关(Snyder,Sympson,Ybasco et al,1996)。Luthans 和 Jensen(2002)发现希望与利润、留职、高水平的承诺和满意度正相关。

乐观是指对结果具有积极的期望,并且对结果进行积极归因(Luthans,2002)。乐观主义者希望好事能够发生在自己身上(Carver,Scheier,2004),而当他们经历了不好的事情,他们会进行外部的、特定的、非稳定的归因(Buchanan,Seligman,1995),因为盲目乐观会导致没有意义的追寻或者不切实际的目标,并且某些环境下适当的悲观会比较有利。积极组织行为学关注于现实的、灵活的乐观(Luthans,2002)。与希望不同的是,乐观并不包括目标达成的途径,而是相对目标结果的期望(Luthans,Jensen,2002;Luthans,Youssef,2007)。员工的乐观与领导力相关(DeHoogh,Den Hartog,2008),还带来了一系列积极的组织结果,比如员工留职(Seligman,Shulman,1986)和销售利润(Corr,Gray,1996)提高。

韧性是指积极地调整、成功地应对,当遇到挑战、困难或者变化时可以很快恢复或积极应对(Luthans,2002;Luthans,Youssef,2007)。Luthans 和 Youssef(2007)认为在积极组织行为学中,韧性包括一种主动地、与创造力不同的维度,关注于解决危机。在对韧性的研究中,Sutcliffe 和 Vogus(2003)认为韧性包括两种基本的因素:足够的资源和主动的控制动机系统。Masten 和 Reed(2002)认为韧性在避免或者减少危机的时候能够得到增强(危机集中策略),在增加资源或者社会资本的质量或数量时能够得到增强(资源集中策略),或者在动用适应力系统的时候也能够得到增强(过程集中策略)。通过训练、获取知识、模拟角色和吸取教训,员工的竞争力得以发展,从而能够更好地面对新事物或者工作中的挑战(Sutcliffe,Vogus,2003)。

员工的心理资本可以有效促进工作结果,比如由上司评价的绩效(Luthans,Avey,Clapp-Smith et al,2008)。Clapp-Smith、Vogelgesang 和 Avey(2009)发现销售人员的心理资本可以促进销售人员的工作绩效,对领导的信任起到了中介作用。另外,CEO 的心理资本(不包括自我效能感)与公司绩效正相关,其中变革性领导起到了中介作用(Peterson,Walumbwa,Byron et al,2009)。

此外,心理资本与组织公民行为正相关(Gooty,Gavin,Johnson et al,2009),工作满意度与组织承诺也正相关,同时心理资本在支持性氛围和绩效之间起着完全的中介作用(Luthans,Norman,Avoilo et al,2008)。另外,整体的心理资本与绩效和工作满意度有着更连续的正相关(Luthans,Avolio,Avey et al,2007)。正如Luthans、Youssef 和 Avolio(2007)的研究所说,整体心理资本对工作结果的影响要大于单个因素对工作结果的影响。

总之,本书认为心理资本可以影响组织社会化的结果,对新员工有着重要的影响,也是传统社会化结果的前因变量。本书将在积极组织行为学的视角下探讨心理资本在组织社会化和工作投入之间的调节和中介作用。

四、工作投入

"工作投入"这一概念的提出源于积极心理学和积极组织行为学的兴起,积极心理学的目的就是"开始转变心理学的研究关注点,不仅要修复不好的事物,也要建设积极的品质"[①]。这种积极的倾向也与组织行为学有关,正如 Turner、Barling

---

① Seligman M E,Csikszentmihalyi M. Positive psychology:An introduction. American Psychologist,2000,55(1):5.

和 Zacharatos 所说,"现在是将我们研究的视野转变为更为广阔的范围,要更多地关注工作场所的积极面,以便更全面地了解工作的意义和影响"①。

工作投入是指员工将组织成员的自我带入工作角色中:当员工投入工作时,会充分调动他们的身体、认知和情感等资源来完成他们的角色任务(Kahn,1990)。投入状态中的员工会在工作中做出巨大的努力,因为他们认同这份工作。根据 Kahn(1990)对工作投入的研究,一方面员工调动个人资源(体力、认知、情感和精神)到他们的工作中,另一方面工作角色允许员工充分表达自己,这两者存在动态的、辩证的关系。Kahn(1990)对工作投入和心理体验做出了区分,后者是指"人们关注于角色,感知自己与角色绩效紧密相连"②。与心理体验不同的是,投入是一种将心理存在,特别是精神状态显现出来的行为(调动精力到工作中)。因此,投入可以产生积极的结果,会带来员工的个人成长和发展,也会带来组织的绩效。

随着研究的深入,研究者考虑到工作投入不仅与角色内绩效正相关,而且也会影响角色外绩效的提升。虽然研究结果有待证实,但是有关工作倦怠和角色外行为的研究,已经越来越受到重视。角色外行为,比如组织公民行为是不被组织所要求的,也得不到相应的奖励,是一种积极的自愿性的行为。虽然角色外行为是一种积极的、自愿的、不属于职责范围内的行为,但它对组织有着重大的积极影响,其内涵与工作投入关联甚密。总而言之,因为多数研究属于横向研究,所以一些变量与工作投入是否具有真正意义上的因果关系,还有待证实。但是有一点非常值得注意,那就是工作投入形成、发展、演变的过程,始终表现为一个独特的心理过程。这个过程由于个性特点、工作资源及家庭环境作用于工作投入,从而使员工的工作态度、工作绩效,甚至身心健康状态发生相应的转变,并最终获得良好的工作状态,优化资源、要素的配置,使之得到更有效的使用。

从过去的研究结果可以得知,工作资源,比如来自同事和领导的社会支持、绩效反馈、技能多样化、自主性和学习机会都与工作投入有着积极的联系(Bakker,Demerouti,2008;Halbesleben,Wheeler,2008;Schaufeli,Salanova,2007)。工作资源是指那些与工作相关的体力资源、社会资源或者组织资源,它们能够减少工作要求,与社会和心理成本相关;能够促进工作任务的完成,促进个人的成长、学习和发展(Bakker,Demerouti,2007;Schaufeli,Bakker,2004)。

总而言之,工作资源和个人资源都是工作投入重要的前因变量。工作资源可以减少工作要求带来的压力,可以帮助实现工作目标,促进个人成长、学习和发展。当面临较高的工作要求时,这些资源更能发挥潜力。另外,工作投入的员工和其他员工在个人资源上也不同,其具有乐观、自我效能感、自尊、韧性和主动的应对方式。这些资源可以帮助员工成功掌控和影响他们的工作环境(Luthans,Norman,

---

① Turner N,Barling J,Zacharatos A. Positive psychology at work. Handbook of Positive Psychology,2002:715.

② Kahn W A. Psychological conditions of personal engagement and disengagement at work. Academy of Management Journal,1990,33(4):322.

Avolio et al,2008)。因此,本书认为组织社会化内容的学习作为一种重要的工作资源,员工心理资本作为一种重要的个人资源,可以促进新生代员工的工作投入水平。

第三节　研究内容、思路与方法

一、研究内容

我国的组织社会化相关研究表明,员工个人因素对其组织社会化的影响非常大(凌文辁,方俐洛,2003)。而由于东西方文化的差异,对员工有效的组织社会化策略也具有一定的差异性。目前我国大多数组织社会化研究都是以欧美研究的成果为背景展开的,而由于东西方历史、文化的不同,导致西方现有的组织社会化研究成果并不一定适合中国新生代员工。因此,本书在借鉴西方成型的新生代员工、组织社会化、心理资本和工作投入的研究理论与研究方法的基础上,着重研究中国情境下的新生代员工组织社会化及其对心理资本、工作投入的影响,研究我国新生代员工在组织社会化中体现出的差异。具体而言,本书包括以下5个部分。

第一章:绪论。本章对本书研究的背景与价值,主要问题与目标,研究思路与方法,以及主要概念进行了阐述。

第二章:相关理论和文献综述。本书在这章主要评述了关于心理资本、工作投入及组织社会化之间关系的文献与理论基础,为接下来的研究奠定了基础。

第三章:新生代员工独特心理需求和主动行为对组织社会化的影响机理研究。因为本书旨在探讨新生代员工这个特殊的群体在组织社会化过程中的特殊性,且目前国内外对新生代员工的组织期望和主动行为没有成熟的量表,进行实证研究不太可行,所以,本书首先采用扎根理论的研究方法开展探索性研究,确定我国新生代员工心理需求和主动行为是如何影响组织社会化的。

第四章:新生代员工组织社会化对工作投入的影响研究。本书以新生代员工为核心测试对象,主要对性别、工作类型、工作年限、学历等人口特征变量进行考虑,小组成员数量也属于组织特征变量的范畴内。另外基于研究假设,通过统计分析软件,实施效度和量表信度检验,进行多层次回归与简单相关性关系分析,对整体模型进行检验和修正。对员工心理资本中介效应和领导心理资本调节效应进行检验,探索新生代员工组织社会化与工作投入关系的影响路径和影响边界。

第五章:结论与展望。本章概括研究结论,分析研究发现,另外,指出新生代员工组织社会化的不足,为接下来进行的心理资本、工作投入及组织社会化的研究提出合理的建议。

二、研究思路

很多文献从不同视角分别对组织社会化(王雁飞,朱瑜,2006;李强,姚琦,乐国安,2006)和新生代员工(Crampton,Hodge,2009;刘红霞,2010)进行了理论和实证研究。尽管这些研究很少将新生代员工和组织社会化联系起来,但其研究结论对新生代员工的组织社会化研究有一定的借鉴意义。这些研究主要聚焦于两个方面:一是与上一代员工相比,新生代员工有哪些特点会影响到其组织社会化程度,这些差异是通过什么方式影响其组织社会化效果的;二是对新生代员工成功的组织社会化有什么积极的影响。本书研究思路如图1.1所示。

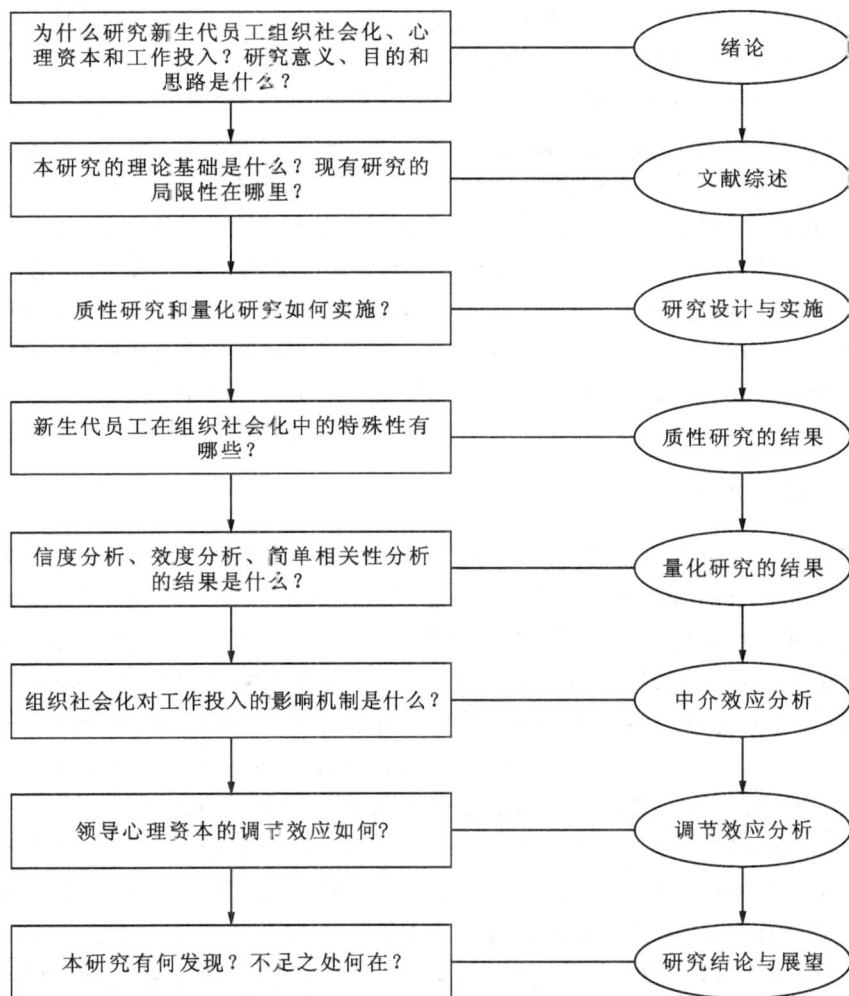

图 1.1　本书研究思路

本书在中国文化背景下,开展新生代员工的心理需求、主动行为与组织社会化关系,组织社会化、心理资本与工作投入关系的研究。基于图1.1所示的分析和考虑,本书展开对员工心理资本中介效应及领导心理资本调节效应的研究,按照动态效应模型的研究思路,采取质性和实证研究相结合的办法来分析新生代员工的组织社会化。据此,本书将研究内容界定为两个部分:通过质性研究考察新生代员工主动行为和心理需求对组织社会化的影响;采取实证研究对新生代员工组织社会化对工作行为的影响作用进行考察,发现工作行为集中在工作投入上。主要有组织社会化对工作投入的影响研究,领导心理资本的调节作用检验等。

首先,本书运用扎根理论的研究方法,来分析新生代员工的心理需求和主动行为,并运用社会学习理论和期望理论来进行解释。本阶段采用的研究办法主要是文献分析,以此研究我国企业新生代员工组织社会化的影响因素。

然后,本书通过研究、探索新生代员工在组织社会化中对工作投入的影响作用,探讨心理资本的作用,建立以新生代员工心理资本为中介变量,领导心理资本为调节变量的组织社会化-工作投入影响模型;另外,按照该理论模型的启发,从积极组织行为学的视角提出改进新生代员工组织社会化的策略和管理方式,提出增强员工和领导心理资本水平,提升工作投入水平及组织社会化程度,减少新生代员工离职倾向的对策化提议。本研究的核心测试对象是新生代员工,对他们的性别、职位、学历、工作类型及工作年限等多个人口特征变量进行考量,组织特征变量涉及小组成员数量,本书对丰富组织社会化理论和人力资源管理实践将会做出应有的贡献。

三、研究方法

作为量化研究的有力补充,质性研究受到越来越多管理专家们的重视。其中,较为完善和关键的质性研究方法论之一就是扎根理论,由Glaser和Strauss两位学者共同发展的扎根理论是运用系统化的程序,针对某一现象来发展并归纳式地引导出理论的一种定性研究方法(陈向明,1999),非常适用于开展探索性研究。因此,本书采用理论开展探索性研究,构建理论研究的三部曲:选择性编码、主轴编码、开放式编码。在资料分析的过程中,采用持续比较分析的思路,在资料和资料之间、理论和理论之间进行不断地比较,直到发展出新的实质理论。

多层线性模型(HLM,hierarchical linear model)是分析具有层次结构数据的一种新型实证性统计分析工具,与传统统计方法相比,多层线性模型具有模型假设与实际更吻合、结果解释更合理等特点。本书运用多层线性模型来观察新生代员工组织社会化、心理资本和工作投入之间的关系。多层线性模型是为了解决传统统计方法如回归分析在处理多层嵌套数据时的局限性问题而产生的。近年来,这一方法逐渐在社会科学的研究中得到广泛应用。多层线性模型在分析具有层次结构的研究数据时具有精确估计、测量时间间隔短等优点。多层嵌套数据在社会科学领域经常出现,比如当员工嵌套于组织团队之中,这种嵌套关系的存在使得员工间的随机误差独立性假设难以满足,传统的回归分析方法无法使用,而多层线性模型可以解决这一问题。

近几年,方法学专家们一方面在研究的方式上寻求质性和量化研究的统一,另一方面也在具体的实证层面上分析和研究二者的整合模式。本书也采取了质性与量化研究相结合的方法。

关于新生代员工组织社会化、心理资本与工作投入这样的课题,本书先用质性研究建立新生代员工独特心理需求和主动行为对其组织社会化影响的假设。本书之所以选择扎根理论的质性研究方法,是因为:首先,量化研究一般适合在对已识别变量之间的关系进行考察时使用,而对新生代员工组织社会化这种还没有明确定义,或不能通过已有理论进行推导的现象缺少解释与辨别力,因此应通过质性研究首先界定新生代员工主动行为和心理需求等现象,或者给出理论结构。在质性研究得出的结论的基础上,再采用量化研究进一步扩展理论,形成对新生代员工心理资本、工作投入积极影响的假设。在研究新生代员工组织社会化和其结果变量时,可以采用多层线性模型,通常用一个跨层次模型来描述这种个体变化现象。新生代员工心理变化在第一层次上用工作投入及心理资本进行描述。这些成长参数在第二层次上变成了因变量,它们由团队领导的特征所决定,如领导心理资本。多层线性模型分析的优势在于,当新生代员工组织社会化对其工作投入的影响因素模型存在于各个层次时,建立的回归方程要基于第一层次的心理资本、工作投入及组织社会化;接着选取的因变量是该方程的斜率和截距,自变量是第二层次数据中的领导心理资本,最后建立 2 个不同的方程。经过这些流程,能研究和分析出各个层次上的领导和组织因素影响新生代员工工作投入的状况,第二层次回归方程的随机变量就是第一层次回归方程中的斜率和截距,因此该方法也可以称为“回归的回归”。本书通过质性与量化研究交替进行,进一步深入和拓展了对新生代员工组织社会化的研究,量化与质性研究的有效结合,能让新生代员工研究的具体办法和主题创新实现双向互动,从而达到研究问题的要求。

第二章　相关理论和文献综述

第一节　组织社会化相关理论综述

一、组织社会化研究的理论基础

组织社会化是一个知识和信息被获得的过程,同时也是新员工对组织从认知到融入的转变过程。通过对组织社会化的研究理论进行分析,组织社会化大都被认为是新员工对组织规则、制度和文化进行学习的一个过程(Fisher,1986),因此,大多数研究者认为组织社会化的核心就是新员工的学习(Ashforth,Sluss,Harrison,2007)。在过去几十年内,组织社会化研究主要基于以下几个理论基础。

(1)从社会认知的角度来研究组织社会化。这种视角主要着重研究不切实际的期望和工作现实之间的差异。根据组织社会化的阶段模型,当新员工进入组织后,他们发现自己的期望难以达到,会受到很大的冲击(Ashforth,Sluss,Harrison,2007)。这种组织社会化的研究导向认为组织需要向新员工提供足够的信息,从而帮助新员工在进入组织前建立合理的工作期望。

根据 Louis 等(1983)的研究,新员工不仅要建立合理的工作期望,还要在新组织中对不熟悉事件进行意义构建。感知生成模型是新员工在与内部人员交流过程中,对新事情进行理解和建构意义的一个认知过程,并对这些事情进行归因,对认知蓝图进行改变。感知生成模型着重于认知的过程,认为新员工需要运用认知来应对进入组织所带来的惊讶和新奇。正如 Louis 所说,这个过程需要新员工修正他们内在的认知蓝图,形成对新事物的意义构建,这种感知建构包括新员工获得的信息(Ashforth,Sluss,Harrison,2007)。在这种视角的基础上,组织社会化实践应该帮助新员工,为他们提供内部人员的特定情境来帮助他们理解组织蓝图[①]。

(2)运用不确定性减少理论来研究组织社会化。不确定性减少理论[②]认为,"新员工希望增加对组织的预测,增强与组织内部人员的交流"。Bauer 等(2007)以不确定性减少理论作为基础,来解释新员工信息寻找和组织社会化策略。相似

---

① Louis M R. Surprise and sense making:What newcomers experience in entering unfamiliar organizational settings. Administrative Science Quarterly,1980:248.

② Bauer T N,Bodner T,Erdogan B, et al. Newcomer adjustment during organizational socialization:a meta-analytic review of antecedents,outcomes,and methods. Journal of Applied Psychology,2007,92(3):708.

的是,Saks、Uggerslev 和 Fassina(2007)将不确定性减少理论作为基础,来解释组织社会化策略和新员工调整的中介作用,认为"组织社会化策略的理论和内在机制在于其能够提供信息来帮助新员工减少进入组织的不确定性"。不确定性减少理论还可以作为研究新员工的信息寻找能力和主动行为的基础(Miller,Jablin,1991;Morrison,2002)。

(3)运用组织社会化策略的相关理论进行分析,更新组织社会化理论。从组织社会化策略的研究发展角度来分析,最为完善的模型是 Van Maanen 和 Schein(1977)的组织社会化策略。Van Maanen 和 Schein 认为组织社会化策略是新员工通过一系列的方式将组织外部人员转换为组织内部人员。1979 年,他们在对组织社会化策略的研究中,提出了对新员工组织社会化过程产生影响的六种策略。Jones(1986)认为 Van Maanen 和 Schein 的六种策略形成了制度化组织社会化策略(集体的、正式的、连续的、固定的、系列的和授权的策略),与之相对的策略叫作个人化组织社会化策略(个人的、非正式的、随机的、可变的、分离的和剥离的策略)。

组织社会化策略的效果就是塑造新员工接受的信息(Jones,1986)。制度化策略提供给新员工的信息可以减少他们在早期工作经验中的内在不确定性,反映了更加结构化和正式的组织社会化过程。个人化组织社会化策略则没有信息和培训来帮助新员工,新员工更多的是在错误中学习而不是从计划中学习。组织社会化策略的理论和内在机制在于它能够为新员工提供有效的信息来帮助新员工降低在进入组织过程中的不确定性(Jones,1986)。实际上,已经有研究表明,"公司运用制度化组织社会化策略主要是为了消除进入新环境的不确定性,为他们提供指导行为的信息"[①]。

(4)以社会学习理论为基础,来研究新员工的主动行为对其组织社会化的影响。在过去几十年中,关于新员工的主动行为对组织社会化影响的研究使组织社会化理论产生了重大进展,这种研究方向集中于新员工可以主动地行动,寻找信息。这些主动行为会帮助新员工更好地融入组织。这种研究方式的主要特征就是认识到了信息的角色,认为新员工可以通过一系列的行为来获得信息(Morrison,2002),还认为新员工需要通过寻找和获得信息来减少不确定性(Miller,Jablin,1991)。Morrison(2002)发现新员工通过频繁的观察而不是询问,运用多种方式来寻找多个来源的信息,并且发现信息寻找的频率与最终的组织社会化结果变量积极相关。

Ashforth、Sluss 和 Harrison(2007)的研究发现[②],新员工可以主动地获取工作环境的信息,以及他们的角色和绩效,通过获取这些信息来减少不确定性。对新员

---

① Kim T-Y,Cable D M,Kim S-P. Socialization tactics, employee proactivity, and person-organization fit. Journal of Applied Psychology,2005,90(2):235.

② Ashforth B E,Sluss D M,Harrison S H. Socialization in organizational contexts. International Review of Industrial and Organizational Psychology,2007,22(1):22.

工主动性的研究已经发现由于个体的差异性和情境上的原因，主动行为是可以预测的，而这种主动性与最终的组织社会化结果变量相关（Ashforth，Sluss，Harrison，2007）。

（5）以信息学习为理论基础来研究组织社会化。对信息获取的研究着重于对新员工学习内容的测量。Chao、O'Leary-Kelly 和 Wolf 等（1994）对组织社会化理论进行了发展，认为组织社会化内容的学习包含了六个维度（业务熟练、人员、政治、语言、组织目标和价值观、历史）。Haueter 等（2003）对组织社会化内容进行了研究，制定了新员工组织社会化量表（NSQ）。这个量表对新员工组织社会化的三个维度进行了测量（组织、团队和工作/任务）。正如 Haueter 等研究发现，"每个维度包括获取知识的内容，以及为获取知识的合适行为"。

这种研究范式的关键在于把学习作为影响组织社会化的决定性因素之一。从许多既有的文献研究中可以了解到，组织社会化学习与组织社会化过程如导师制、特定培训、主动行为、组织社会化策略等联系紧密，社会化学习在组织社会化过程和调整之间起着中介作用（Allen，McManus，Russell，1999；Ashforth，Sluss，Saks，2007；Cooper-Thomas，Anderson，2002；Klein，Weaver，2000）。Ashforth、Sluss 和 Harrision（2007）认为这种组织社会化的研究范式对于组织社会化过程至关重要。组织社会化可以有效地帮助新员工进入组织，新员工应该知道并且理解学习相应的规范、价值观、任务和角色的重要性，从而有效地融入工作团队。因此，新员工学习是组织社会化模型的核心。

简而言之，组织社会化的研究主要是新员工如何获取组织内的新信息、汲取知识，从而减少进入组织后的不确定性，并学习知识。这种组织社会化的研究范式在 Saks 和 Ashforth（1997）的组织社会化多层次过程模型中也可以体现，他们认为认知的感知构建通过获取信息、降低不确定性和学习干预来促进有效的结果。Saks 和 Ashforth 也发现，信息和学习是这个模型的核心，组织社会化过程是新员工进行学习的一个过程。Ashforth、Sluss 和 Harrision（2007）的整合模型也将组织社会化内容的学习作为组织社会化过程和新员工调试关系的中介变量。

本书综合分析多位学者的研究组织社会化发展趋势的文献理论资料发现，组织社会化理论的研究发生了一系列的变化，从单因素影响到多因素综合影响。这种日渐完善的组织社会化理论体系被管理者所接受，他们将其应用在新员工的组织社会化过程中。虽然组织社会化过程对于员工来说是至关重要的，但需要更多的研究来帮助员工应对进入新组织后感知到的压力。从认知-学习的观点来看，组织社会化研究的关键在于信息和获得信息的途径。现阶段研究组织社会化的理论包括多个方面，不仅仅是指信息和学习。本书将从积极组织行为学的视角来研究组织社会化。

本书认为积极组织行为学视角下的社会资本理论可以为新生代员工组织社会化提供良好的理论基础。按照社会资本理论，员工可以利用社会资源来获得并调动社会化资本(Lin,1999)。为了获取完全的、社会化的成员身份,新员工必须获得并调动社会资源(比如信息),以帮助他们融入组织,建立起和谐的同事、领导关系。因此,新生代员工的组织社会化过程面临一个基本的问题:新生代员工如何获得并调动社会资源?本书认为关于这个问题先需要回答三个问题:①新生代员工融入组织有哪些不一样的特征?②新生代员工如何获得这些资源?③获得的资源如何调动来帮助新员工融入组织?

为了解决这些问题,本书将社会学习理论、社会资本模型与社会化过程相融合。本书认为两个关键的社会化因素(Bauer et al,2007)起到了重要的作用——组织社会化策略和新员工的主动性。本书以社会学习理论为基础,认为新生代员工的个性特点诸如主动行为、心理需求等都将对组织社会化成效产生影响,并且高度的主动行为会促进新生代员工对组织社会化内容的学习。本书又进一步从资源保存理论角度进行分析,认为新生代员工组织社会化的学习将正向影响其工作投入,并通过新生代员工心理资本的内在机制起作用,心理资本较好地反映了社会资本的动力作用。

二、组织社会化的内容研究

1.组织社会化内容的维度

组织社会化研究的首要问题,是了解组织社会化内容的维度,换句话来说,为了保证员工能够符合组织管理的要求,应当让新员工学习组织社会化的内容,用以判断员工具有的组织社会化程度。通过学习组织社会化内容,能够协助组织有效地实施组织社会化策略,对新员工进行组织社会化过程的管理(Weaver,2002)。因此,员工在组织社会化过程中学习的内容成为组织社会化学者的研究重点,主要是探讨员工为了更好地适应所在组织,要学习什么或者内化什么。Van Maanen(1977)和Feldman(1981)对组织社会化的研究理论是整个学术领域的相关研究基础,目前关于组织社会化内容的研究主要分为两个部分:理论研究和实证研究。

理论研究主要是确定组织社会化内容的结构分析,此方面研究代表性相对较强的学者为Feldman(1981)、Schein(1968)和Van Maanen(1977)等,他们详细划分并归纳了组织社会化主要的内容,分别是角色行为、价值观和组织目标等。Schein(1968)对于组织社会化的研究为后人研究这一领域奠定了基础,他将组织社会化分成两部分,也就是角色和组织。前者表现为员工在组织中需要承担的责任。后者表现为员工需要学习的组织文化与制度等。对于一个新员工来说,组织社会化需学习的内容有很多,比如说组织制定的制度规范,同时也要学习这个组织的行为规范与要求等。具体可以将新生代员工需要学习的行为规范及具备的能力分为以下几点:确保适应企业环境,学习组织制定的行为规范等;保持较高的任务执行效力;必须承担起一个角色的责任与任务,获得组织的认可;能够完成任务的方式及方法;了解组织的发展规划。因此,新员工对于组织社会化内容的学习主要是其对组织环境的一种适应过程。

Ostroff(1992)、Fisher(1981)及 Feldman(1979)等将组织社会化内容归纳为以下几点:组织文化、组织氛围、工作团队规范、角色归因,以及工作需求。Louis 等指出组织社会化可以在组织内自然发生,也可以由组织安排学习。在这个过程中,新员工都会获取一些角色岗位和规范行为等信息。Fisher 通过分析,进而从四个方面来阐述组织社会化学习的主要内容。

(1)学习组织的内容。组织中有很多方面都需要新员工进行学习,不仅包括明显的规范,比如工作职责、奖惩政策、人事安排等,还包括看不见的制度规范等,可以是组织内共同的文化信仰、组织推崇的价值观、组织内提倡的工作态度,以及组织内的行为文化等。除此之外,组织也可以利用一些活动,比如歌曲比赛、颁奖典礼及宣传标语等来告诉员工组织社会化学习的主要内容。

(2)研究在组织中工作的态度和行为。新员工进入组织团队中要学习外显和内隐的组织内容。前者包括组织中同事的姓名、工作的权利与义务、与同事的交往技巧等;后者包括组织的规范和制度、工作的氛围等。

(3)学习有关工作的技能或者知识。新员工刚刚进入组织内的一个岗位时,必须及时有效地完成自己需要承担的任务。因此,在组织社会化学习过程中,学习组织内的工作技能是非常重要的,比如说工作内容及处理工作的方法等。

(4)员工的自我完善。认真学习可以提升组织任务处理的效率,提升自身各项素质,与其他人建立良好的工作关系,这些在组织社会化学习中比较重要。员工可以通过组织社会化学习,清楚地认识到自己的潜力、喜好与工作能力等。新员工在政治方面的组织社会化学习内容包括了解组织内的权力构成、组织内的领导者信息,以及组织内的一些员工信息等。组织社会化学习过程中的组织语言学习主要是员工在工作过程中需要使用的专业语言和名词简称等。

Morrison(1993)认为组织社会化是指新员工对新工作场所的适应,在他的研究中,将组织社会化学习内容分成以下几点:适应组织氛围,学习组织文化、组织内容,把握好组织内的角色责任等。如果新员工刚刚进入组织,那么,就有必要学习组织内的各项工作技能,清楚个人需要扮演的角色及承担的工作任务,然后再去学习了解组织文化,与同事形成良好的关系,最终与整个组织文化相融合。他们研究一个大型会计公司中 135 名新员工的社会化内容与信息寻求行为,结果显示,新员工在组织内进行的信息寻求行为可以有效地影响其技能的掌握、角色的认知,以及社会资源的整合等。

王明辉(2007)对我国新员工的组织社会化内容进行了研究,通过对 854 名员工进行探索性因素研究,结果表明,我国新员工组织社会化内容包括组织文化的社会化,即新员工对于组织发展历史以及价值观的学习和了解;工作胜任的社会化,即新员工对新岗位技能需求的学习、对权利与责任的了解等;人际关系的社会化,即新员工建立良好的同事关系,成为团队中比较受欢迎的人等;组织政治的社会化,即新员工对组织内权力者的认识、对组织内规则的学习等。他们利用验证性因素分析的方法实现了对这个模型的科学分析。

2. 组织社会化策略

在新员工进入组织后,组织或员工会采取相应的措施来提升新员工的组织社会化有效性,这些方法就是组织社会化策略。人们通过分析组织社会化策略,通常将组织社会化策略分成三类,即组织个人交互型、个人主导型和组织主导型。早期,人们对组织社会化认识研究的结论是,组织社会化过程应当由组织主导,员工在这个过程中是被动的,员工适应组织的行为是一种被动行为。也就是说,他们认为新员工是被动而不是主动接受组织角色或工作任务,在组织社会化过程中组织处于主控的位置(Griffin et al,2000)。然而,进一步的研究发现,新员工在组织社会化中处于主动的地位,新员工会通过信息寻找行为等主动行为完善自己的社会化程度,这样就增加了新员工的组织社会化信息,这种观点认为新员工在组织社会化过程中扮演主动角色。

Van Maanen 和 Schein(1977)是最早提出组织社会化策略的专家,他们指出组织社会化策略是由组织主导的一些方法,用来促进新员工组织社会化内容的学习,帮助新员工成功承担组织角色或者工作任务。Van Maanen(1983)对组织社会化文献进行了分类,包括传统观点与新观点。在传统的对组织社会化策略的分析中,组织扮演的角色为控制角色,使用组织社会化策略来促进新员工对组织内容等信息的学习,根据这种观点,新员工在组织社会化过程中处于被动的地位(Jones,1985)。Van Maanen 和 Schein(1977)对于组织社会化的研究重点集中在新员工进入组织时可能会出现的不适应,以及组织使用的一些应对策略。Saks 和 Ashforth(1997)指出大部分组织在新员工进入组织时都使用了正式组织化的方法来促进新员工的组织社会化。目前的研究将组织主导性的组织社会化策略进行了以下分类。

(1)Van Maanen 和 Schein 等的六种组织社会化策略。

Van Maanen 和 Schein(1977)指出,组织在帮助新员工学习组织信息的过程中共使用了六种方法。这些组织社会化策略也包含相互独立的概念,如集体的与个体的、正式的与非正式的、连续的与随机的、固定的与变动的、伴随的与分离的,以及赋予的与剥夺的等。

集体的组织社会化策略是指组织对新员工进行集体培训,与新员工进行组织内信息的分享,让员工拥有相同的社会化经历,积累相同的组织社会化经验。通常情况下,个体进行的组织社会化过程,需要对新员工进行一定形式的培训,进而让员工了解组织内的规章制度、文化信息等,这样一来,每个员工就会拥有不同的组织社会化经验。

正式的组织社会化策略是指组织社会化期间将新员工与领导和老员工分开,通常在相对隔离的环境中进行;通过实施有计划、有目的的培训,新员工掌握工作技能,进而有效地扮演岗位角色,熟悉岗位工作环境,当培训学习结束后,新员工就可以开始工作。非正式的组织社会化策略则是指让新员工和直接领导、同事在一起直接从事自己的工作,扮演组织角色,让他们在真实的工作环境中探索信息、边做边学,这种策略中,组织对新员工不会进行社会化培训,而是让其在实际工作中学习组织社会化内容。

连续的组织社会化策略是指为了使员工及时了解岗位角色信息,组织制定一定的策略步骤、一些特定的程序,进而促进员工的组织社会化信息的学习。也可以对新员工的组织社会化学习进行指导,或者是对员工需要经历的不同阶段进行学习测试(Saks,Ashforth,1996),使其了解将来在组织内会经历的不同阶段,并能在新的组织环境中学习相关政策及知识,这样就满足了组织内设置的岗位要求(Cable,Parsons,2001)。随机策略中的方法、步骤存在一定的不确定性,较为模糊(Black,Ashford,1995),不存在固定的模式方法,员工如果使用这种方法来进行组织社会化学习,就不会了解下一个阶段中将要学习的内容,虽然组织也对员工的行为进行了指导,但是指导过程缺乏一定的逻辑性,因此,新员工在角色信息的学习过程中存在一定的模糊性与不确定性。

固定的组织社会化策略是指组织为新员工制定了明确的角色要求与行为规定,同时也制订了一些培训计划,这样一来,新员工就可以根据自己组织社会化的学习进度来适应组织设置的岗位角色和工作任务(Black,Ashfoul,1995)。但是在变动的组织社会化策略中就没有规定组织社会化的时间安排,组织并没有制订相应的时间表,新员工并不清楚在下一个阶段中自己需要学习的组织化内容信息,这样就会造成其较低的社会化学习期待。

伴随的组织社会化策略是指组织为了保证新员工的社会化学习,安排一些老员工来协助新员工的学习。在这个过程中,老员工就会起到引导作用,新员工可以将老员工作为榜样,将老员工作为标准来进行组织社会化学习过程中的信息知识的学习,这样一来,组织文化就得到了有效的延续和传递。分离的组织社会化策略是指组织要求新员工在实际工作中独立进行组织社会化的内容学习,这个过程没有老员工的引导,没有制度的规定及文化的熏染,新员工并不会获得组织社会化学习经验(Black,Ashford,1995)。在这个过程中,没有相应的模式给员工提供参考,新员工也没有一个模仿标准,组织不会给新员工带来任何的帮助。

赋予的组织社会化策略是指组织认同新员工的特征并尊重其固有的想法和观念。剥夺的组织社会化策略是指组织根据新员工的性格特点、思维方法、工作方式与社会经验,提出一些不足之处,要求新员工对这些不足进行改正,逐渐形成满足组织需求的技能特征、思维方式和社会经验等。

(2)Jones的二维三因素组织社会化策略。

在 Van Maanen 和 Schein(1977)等的研究基础上,Jones(1986)等又进行了完善,他们把固定的、连续的及集体的等策略整体称为制度性组织社会化策略。通过采取制度性组织社会化策略,新员工可以快速地了解到岗位的职责信息、不同角色的责任,从而保证组织的状态不变,进而具有相同的行为规范及工作特征。他们又将分离的、剥夺的、随机的与非正式的策略整体称为个体性组织社会化策略,通过采取该组织社会化策略,新员工可以保持原有的个性特征不变,同时,还可以充分了解新岗位需要的角色特征,进而完善自身特征。这样就可以使得员工的行为特征具有创新性与差异性。Jones(1986)等还从组织社会化的角度出发,把组织社会化策略分成了情景因素、内容因素和社会因素。

情景因素是指在组织社会化学习过程中,员工的学习环境与背景,主要有两方面的维度,分别为正式与非正式维度、集体与个体维度。内容因素是指组织通过组织社会化的学习向员工灌输的组织内容,可以分为两个维度,分别是随机与连续维度、变动与固定维度。社会情景因素主要指组织对新员工实施的组织社会化策略中的社会层面、人际层面,包括以下两个维度:伴随与分离维度、赋予与剥夺维度。

随着对组织社会化策略的进一步研究,Louis(1980)指出新员工在组织社会化学习过程中并不是一个完全的被动接受者,他们可以主动地在新环境中进行组织社会化学习。有研究发现,新员工积极主动地寻找组织信息,不仅可以尽快适应工作环境,还可以补充无法从领导或同事等方面获取的信息。新员工组织社会化学习的频率受到社会资源整合及工作执行等因素的影响,除此之外,离职倾向与绩效等也会对员工组织社会化的主动学习产生一定的影响。

对个体组织社会化策略的研究主要采用了跨断面研究与纵向研究两种方式,而且研究的成果也相当丰富。例如,Ashford 和 Black(1998)指出,在组织社会化学习策略中,要包含工作理念形成、工作改变协商和工作关系建立等信息。Green 和 Bauer(1994)指出,个体组织社会化策略主要是社交导向或任务信息的整理。Chao 等(1994)指出,个体组织社会化策略可以有两种师徒关系,分别是非正式与正式师徒关系,这些策略能够有效地影响员工的心理与行为表现。Pittenger 和 Heimann(1996)指出,个体组织社会化应用中会出现正式师徒关系在新员工工作过程中的交互过程;Ashforth 和 Saks(1998)指出,个体组织社会化策略主要有员工的目标设定、自我评价和自我惩罚;Kozlowski 和 Smith(1994)指出,个体组织社会化策略包括信息的收集、实验和学习等过程。1997 年,组织行为学的研究者对不同学者的个体组织社会化学习理论进行归纳总结,他们认为员工个人主导型组织社会化策略可以分为信息的搜集与获取,这也是员工主动进行组织社会化的重要内容(Saks,Ashforth,1997)。新员工在进行组织社会化学习中的主要手段是信息搜集。新员工获取组织信息的方法有两种,首先是主动搜寻,其次是信息反馈,这样才可以不断增强其组织社会化程度。涉及这一问题的研究包括新员工主动行为的方式、内容,以及主动行为对组织社会化影响的效应。

研究表明,新员工的主动行为对组织社会化的结果有着积极的影响,如与满意度、组织承诺呈正相关,与压力及流动率呈负相关(Ostroff,Kozlowski,1992)。原因在于：尽管组织在新员工的组织社会化学习过程中提供了一些内容信息，但是这些信息具有一定的局限性，信息也并不完善（Milier，Jablin，1991）。新员工进行的主动组织社会化策略会与组织主导型组织社会化策略形成一些互补（Ashforth，Saks，1998）。主动组织社会化行为可以避免新员工的离职，因为新员工离职主要源于工作绩效达不到自己的工作期望（Jablin，Putnam，2001）。

三、组织社会化的结果

研究者提出，针对当前组织社会化的评判标准，可以使用以下四个变量对员工组织社会化内容的学习成果进行衡量。

1. 总体满意度

为了表达员工对其工作满意的程度，专家提出了"总体满意度"这一概念。可以通过离职率、缺勤率与工作绩效这两种组织结果来测量总体满意度。针对离职率和缺勤率进行深入分析，从所得数据中可知：随着员工工作满意度的提高，员工在组织中的工作渐渐稳定，工资也逐渐增加；而关于工作绩效，在一定要求下，其程度越高，员工工作满意度越高。Feldman（1976）提出角色界定、角色一致、外在生活冲突的解决与员工的工作满意度呈正相关关系的概念。其中，一致性与工作满意度的相关性最强，也就是说工作与个体的匹配程度越高，总体满意度也越高。

2. 相互影响

所谓相互影响，即员工提出建议的权力与领导接受其建议的程度，简而言之就是员工对工作内容及方式的支配或影响程度。Van Maanen 等（1978）认为，导致新员工对领导绝对服从的组织社会化往往是不成功的。通常情况下，组织必须在要求新员工接受组织的规则的基础上做出一定的改变，保证新员工对组织有一定程度的促进作用。在这种相互影响下，新员工才能更好地提高参与组织工作的积极性，发挥出工作的创造性。研究发现，在早期社会化阶段，一致性和工作胜任力这两个概念相互影响，有相关关系。究其原因，新员工只有在确认自己能够胜任工作的前提下，才会参与相关的活动来改善自己与领导、同事的关系。除此以外，工作胜任也是支持员工能够对组织提出建议的基础。

3. 内在工作动机

Hackman 和 Oldham（1976）提出用"员工通过自我激励来执行角色且有效地完成工作的程度"来解释"内在工作动机"这一概念。研究发现，工作绩效随着内在工作动机加强而不断提高。

4. 工作卷入

工作卷入是指员工个体醉心于他们工作的程度。Katz 和 Kahn（1978）提出工作卷入不仅与组织社会化内容学习中所学习的组织文化、价值观有关，还与组织目标对新员工的内化相联系。Bert（1997）通过对 2000 位毕业生的实践研究证明了 Katz 的观点。他提出应该从五个方面来衡量新员工组织社会化的程度，分别是组织目标与政策、语言文化、人际交往、工作绩效和绩效预期。

四、组织社会化的主要量表

目前关于组织社会化的研究主要包括以下两种测量方式。

1. 自我报告

现有的组织社会化研究中,研究者测量组织社会化程度主要采用自我报告法。主要通过编制组织社会化测量问卷来测试新员工的组织社会化情况,这种方式相对来讲较方便,不过也存在一些局限性。比如,数据是从新员工这个单一来源的自我报告中获取的,要防止共同方法变异等局限性,故需要考虑提高研究的外部效度。

2. 结果变量的测量

组织社会化与一些积极的社会化结果变量正相关,与负面的组织行为和态度负相关,这些结果变量包括组织公民行为、角色冲突、组织知识与工作技能的获得、工作行为有效性,以及个人和组织匹配性等。因此,测量这些结果变量能全面了解新员工的组织社会化程度,通常情况下,测量这些结果变量与实现组织社会化目标紧密关联。

Taormina(1994)提出了组织社会化量表,是现在对组织社会化程度进行评估时使用最多的衡量工具,其中包括 20 个题项,每 5 个题项归属一个维度,通过 Likert 七点尺度法进行衡量,1 和 7 分别表示强烈认同和不认同。

Chao 等(1994)提出了组织社会化程度量表,其中包括组织政治和目标、工作熟练程度、人、价值、组织语言和发展的历史这六个维度,题项共有 34 道,用于对新员工组织社会化程度进行衡量。此量表选取 Likert 五点尺度法,也就是用 1～5 来分别表示强烈不赞同、不赞同、无意见、赞同和强烈赞同。分数越高,就表明新员工的组织社会化程度越高。

钱颖(2004)的四维度量表,包括工作胜任社会化、组织政治社会化、人际关系社会化和组织文化社会化四个维度社会化。量表共有 26 个问题,包括 7 个公司文化问题,8 个工作胜任问题,5 个人际关系问题,6 个公司政治问题。采用非常同意、同意、不确定、不同意、非常不同意五级量表进行测试。

一些专家在测量组织社会化程度时,还选择其他相关的结构量表。比如,Rizzo、House 和 Litzman(1970)选择对角色不清晰和矛盾进行测量的量表。Haueter(2003)提出面对组织社会化内容及程度不能统一的现状,如今的研究首先要发展一个科学合理的组织社会化测量,然后开发由任务、团队与组织三个维度组成的量表。

第二节　工作投入研究综述

一、工作投入研究的理论基础

最近,心理学界认为研究者过多地将关注点放在了精神疾病上,而不是美好事物上。心理学中这种对消极事物的倾向,源于大量研究都关注于人类的消极状态而不是积极状态,这种对消极和积极状态研究的比例达到了 14：1(Myers,2000)。积极心理学的目的就是"开始转变心理学的研究关注点,不仅要修复不好的事物,也要建设积极的品质"(Seligman,Csikszentmihalyi,2000)。这种积极的倾向也与组织行为学有关,正如 Turner、Barling 和 Zacharatos(2002)所说,"现在要将我们研究的视野转变得更广,要更多地关注工作场所的积极面,更全面地了解工作的意义和影响"。

为了响应积极心理学和积极组织行为学的号召,学者们开始着眼于研究工作投入:一种积极的、全身心的、情感驱动的与工作相关的状态,它是工作倦怠的相反面。投入状态的员工具有更高的能量,他们对工作富有热情,会经常沉浸工作中而不知时间的流逝(Macey,Schneider,2008;May,Gilson,Harter,2004;Schaufeli,Bakker,2004)。在过去的 30 年中,对于工作倦怠的研究已取得很多成果,而对工作投入的研究才刚起步。这是件很奇怪的事情,因为现代组织都希望他们的员工能够更加主动,表现出更多的积极性,对他们的职业发展能够有把控性,并且能够恪守高标准的工作规范。因此,他们希望员工能够充满活力和具有奉献精神,并且能被他们的工作所吸引,比如,投入他们的工作中去(Bakker,Schaufeli,2008)。工作投入可以为员工带来一个全新的工作状态,并可以为组织带来更强的竞争力(Bakker et al,2008;Demerouti,Cropanzano,2010)。与一些企业心理学术语相同,刚开始提出工作投入的概念时,研究者们就对工作投入形成了多种研究视角。研究者不同,看待问题的角度也有所差异,虽然现在还没有一种被社会各界普遍接受的观点,但是有几种比较有代表性的研究视角,下面分别加以说明。

1.基于工作角色视角的思考

20 世纪 90 年代初,就有专家提出了"工作投入"这一概念。Kahn 是美国波士顿大学教授,他基于前人的研究,通过质化研究方法,选择建筑公司员工和夏令营顾问进行研究,率先提出了"工作投入"这一概念。他认为,组织个体对自我的应用和掌控,以及自我和工作角色的结合就称为工作投入。

这一观点强调了工作投入中"我是谁"和"我的工作是什么"的统一性,认为二者不应顾此失彼。"自我"和"工作角色"关系的统一性越强,组织成员的工作表现就越出色,对"角色中的自我"就越满意。但是 Kahn 将工作中个体的投入当成是特定时刻的投入,并且会短暂地随着工作角色与自我的统一和分离发生变化。其实,工作角色和自我处在一个不断改变和互相协调的过程中,当个体全身心投入工作角色中,并在这个角色中让自我有了充分展现就可称为工作投入。当个体的自我要与工作角色分开,而且在工作角色中表现得过于消极和烦恼,那么员工就没有处在工作投入状态中。Kahn 提出,认知、情感和生理上的投入是处在工作角色中自我的三大表现,也就是工作投入。在这个前提下,Kahn 经过调查研究提出,心理可获得感、安全感和意义感是对工作投入造成影响的三大心理状态,从而提出应深入探索有意识现象和无意识现象的情感反应,研究工作环境及工作角色的主观特点,并把工作倦怠和工作连接感作为相对的概念加以研究。虽然此种界定是一种大胆的尝试,但并不能展现工作投入的全貌。

2.在工作倦怠研究基础上进行的反向思考

对工作投入的进一步研究让专家和学者不再局限于工作带给人们的负面作用,因此,很多工作倦怠研究人员开始分析工作投入这个正向职业心理状态。由于是在研究工作倦怠的过程中出现了工作投入的介入,因此,很多研究都认为工作倦怠和投入是紧密相连的,工作投入是伴随工作倦怠研究所产生的。在研究工作投入时,也必须要对工作倦怠进行研究。这些研究的代表人物,比如 Maslach、Schaufeli、Shirom 在工作投入与倦怠关系的基础上,分别对工作投入这个概念进行了定义。Maslach 和其他研究人员将工作投入当成是工作倦怠的相反面,两者处在工作健康这个连续体的两端,其内在维度是相同的。个体工作状态的损耗就是工作倦怠。卷入、高自我效能感和活力是工作投入的三大表现,在某些条件的作用下,就分别转变成愤世嫉俗、低效能感和耗竭,而这些是工作倦怠的三个表现。因此,工作倦怠的对立面就是工作投入。

换句话说,个体的投入越高,就越能快速进入工作状态,同时也就越能和他人友好相处,并且自我感觉可以胜任该工作,努力达到工作提出的所有要求。相反,个体倦怠感越高的话,则越与工作、他人处于一种疏离的状态,并有一种无效能感和耗竭感。

2003 年,以色列特拉维夫大学的 Shirom 在《组织压力与健康》这本书中,撰写了《在工作中充满活力——活力的结构及其对组织的积极影响》这篇文章。在他看来,工作倦怠的相反面就是工作活力。个体有很高的工作热情,同时储藏了极大的能力,并且认知也充满了生机,这就是活力的主要表现。而工作倦怠的表现就是认知厌烦、情感损耗和身体疲乏等。

Shirom 是工作倦怠研究领域的领军人物,在研究工作倦怠期间,经常观察到工作倦怠的积极转向,他认为工作倦怠的对立面应该是活力。虽然 Shirom 也是从认知、情感和生理层面对活力这一概念进行明确,但是相对来讲,对活力的界定范围太小,并没有反映工作倦怠相反面的整体面貌,因此,可将活力看作工作投入的一个维度。

Schaufeli 和其他研究人员访问投入水平较高的员工,通过另一种方法来对工作投入的定义进行明确。他们认为,工作投入和工作倦怠是对立的两端,员工在工作中充满力量,有很高的工作热情,并且将自己和工作密切联系起来,同时相信自己能完成工作提出的各种要求,这就是工作投入的主要表现。多数情况下,将工作投入概括为一种让人开心的、与工作有关的、积极的信息状态,主要特点就是专注、活力和奉献。在工作期间非常专注,并且不感到厌烦,很难察觉到时间的流逝是专注的主要表现;在工作中敢于解决问题、努力向上、充满力量是活力的主要表现;感觉到自身存在的价值、勇于接受挑战、充满骄傲感、富有激情是奉献的主要表现。换句话说,与工作倦怠相比,工作投入是让人感到快乐和满足的。工作投入不是短暂和具体的情绪状态,而是一种长久的心境,不会受其他因素影响,比如行为、事件,以及个体和客体所影响的情感认知状态,另外,工作投入与个体的人格特点也有关系。通过以上对工作投入的阐述,能了解到这些阐述各不相同,有的突出了个体和工作的密切联系,有的突出了个体在工作中的良好表现等,不过都突出了个体和工作角色的吻合。

本书从不同的角度和层面对工作投入的实质和内容进行了深入探究,认为 Schaufeli 等专家对工作投入的定义比较全面,尽管一些专家提出 Schaufeli 等对工作投入的概括缺少强大的理论基础,只是工作倦怠不同维度对立面的代名词,且工作投入的三大维度和其他有关的心理学概念有部分是重合的。

3. 资源保存理论

资源保存理论关注员工资源因素对工作投入的影响,通过资源及需求对工作投入的影响机制进行说明。资源保存理论提出,员工会尽可能地争取和保存工作及个人资源,当这些资源不存在,或资源无法得到预期回报,又或者资源无法满足需求时,就会出现工作倦怠。如果具备大量的资源,那么就会形成工作投入。工作资源是指工作的心理、生理、社会和组织方面的资源,包括组织支持、工作晋升机会、工作自主性、控制感和参与决策权等。员工在资源中非常关注与工作密切相关的宝贵资源,如工作能力、工作时间和组织条件等。为了避免失去工作资源,人们会对珍贵的组织和个人资源进行保护、投入个人资源和取得次要资源。因此,从资源保存理论的角度,必须增加资源,这样才能确保员工的工作投入。

4. 工作要求-资源模型

工作要求-资源(JD-R)模型是在控制模型、要求和报酬等非均衡模型的基础上发展起来的,其最初产生于应激工作、职业健康工作及倦怠研究三大领域。这三大领域显示出员工能够掌握的工作资源和工作要求之间的均衡程度,并且这种均衡进一步决定了员工的工作压力和心理健康程度。在出现较低的决策幅度和工作控制,较高的工作负荷和较长的工作时间的情况下,员工很容易产生工作压力。换句话讲,控制模型将工作要求划分为工作控制因素与要求因素,该工作划分模式是工作要求-资源模型的基础理论依据。当员工全心全意地为工作付出努力,最后得到的酬劳却不能够与最初的付出形成正比时,员工会无形中产生工作压力,这种现象称为非均衡模型。在非均衡模型基础之上，Bakker 和 Demerouti 等认为每一种职业都含有一些与工作压力密切相关的因素，并且丰富了工作因素，从而提出了 JD-R 模型。以上所有因素，可以总体概括为工作资源和工作要求两个方面。在组织层面和身体、心理、社会层面上，工作要求需要员工持续性地付出心理努力或体力成本。虽然工作要求具有一定的积极因素，但是这种要求不能太高，否则会引发焦虑、倦怠等消极情绪。与工作要求相比，工作资源是促进员工达成工作目标，激励个体学习、成长、发展的工作因素，能够帮助员工降低因工作要求而付出的心理成本与体力成本。除此之外，工作要求可能导致情感枯竭，工作资源减少，进而出现不敬业现象，工作绩效、工作满意度等积极的产出变量减少。在积极心理学的不断发展过程中，Bakker 等提出的模型，经过了 Bakker 和 Schaufeli 的进一步完善。研究者越来越关注员工在工作中的心理体验与积极情绪，他们认为工作资源对工作投入产生了积极作用，把体现员工工作角色与员工自我结合程度的工作投入相关概念引入 JD-R 模型。他们进一步借鉴了前人的研究成果，并且提出了相对完善的 JD-R 模型。

先前的研究者提出，只有与人交流的服务类行业才可能出现工作倦怠现象。之后，Demerouti 经过进一步研究，发现工作倦怠和工作投入普遍出现在工作中，没有特定的工作对象。在研究 JD-R 模型的过程中，医生、教师是比较常见的被试；然而，Bakker 却选择了大量知识型员工为被试，比如信息工作者等。研究结果证明，JD-R 模型同样适用于与知识型员工群体相关的理论，以上研究进一步证明了 JD-R 模型是一种普适性的工作模型。

在员工倦怠和工作投入问题上，工作资源与工作要求表现出了不同的心理过程。高强度的工作要求容易损耗员工的精力，引起员工健康问题，工作要求的作用过程就是疲劳过程。在此情况下，Hockey 认为，员工可以采取积极的疲劳应对策略或消极的疲劳应对策略。积极的疲劳应对的内涵：为达到绩效目标与环境要求，个体自我动员、增加主观努力，付出的身心成本越大，努力程度越大。个体保持自我付出的心理、体力成本，降低自身对环境要求与绩效目标的认识，可称为消极的疲劳应对。Demerouti、Schaufeli 和 Bakker 认为工作资源蕴含天然的激励作用，工作资源的作用过程就是激励过程。工作资源是达成工作目标的外在激励因素，又是促进员工学习、成长和发展的内在激励因素。工作资源可通过心理需求满足、工作特征明确、工作目标达成等方式进行天然激励。当工作资源和工作要求分别作用于员工时，工作资源明显地能够调节、缓和工作要求的疲劳过程。同时，不同的工作资源具有不同的调节方式：工作自主性可以帮助员工寻找到适合自己的调节方式来应对工作要求；组织支持能够缓解员工的倦怠情绪，让员工感受到情感的依靠及组织的支持，还可以为员工提供有关心理健康与保持绩效等的不同信息。

工作资源与工作要求在并行过程中产生的作用间接表明组织需要关注特定员工的管理。研究证明，多数公司主要利用工作资源对员工进行激励，同事关系和工作性质是激励员工最主要的因素,因为它们影响到了组织决策的程度。Tampoe综合考虑内部、外部工作资源,归纳出个体成长、业务成就、工作自主、金钱财富四个激励要素。以上研究为特定群体——新生代员工工作投入的研究提供了新视角。

二、工作投入的内涵和维度

工作投入的员工在工作中更有活力,并与工作有情感的连接,而不是感受到由工作挑战带来的压力和重荷。工作投入是一种积极的、与工作相关的行为状态。Maslach 和 Leiter(2008)认为工作投入有三个维度:活力、卷入和自我效能感,这三个维度正是工作倦怠三个维度的相反面。他们认为,当员工处于工作倦怠时,活力转变为耗竭,卷入转变为愤世嫉俗,高自我效能感转变为低效能感。同样的,工作投入可以用工作倦怠量表(MBI,maslach burnout inventory)(Maslach,Jackson,Leiter,1986)的耗竭、愤世嫉俗的反向计分和效能感的正向计分来进行测量。

另一种关于工作投入的观点认为,工作投入是一种单独的概念,并不是工作倦怠的相反面。因此,工作投入的操作性定义为"一种拥有专注、奉献和活力特点的全身心投入、积极开展工作的状态"[①]。这就意味着,处于投入状态的员工感到很充实,而不像处于倦怠状态中的员工,让他们感到人生很空虚。活力的特征是工作中有高水平的能量和韧性,具有努力工作的意愿,即使面临困难也不畏惧。奉献是指强烈地希望投入工作之中接受挑战并收获骄傲、灵感、意义和热情。专注则是指员工沉浸在工作中时充满了幸福感,而感觉不到时间的流逝,甚至很难与工作分离。活力和奉献是耗竭和愤世嫉俗的相反面,而后者正是工作倦怠的两个关键维度。耗竭和活力的连续体被称为"精力",而愤世嫉俗和奉献的连续体被称为"认同"(González-Romá,Schaufeli,Bakker et al,2006)。因此,工作投入是指员工在工作中具有高水平的精力和强烈的认同,而工作倦怠恰恰相反,具有低水平的精力和微弱的认同(Demerouti,Bakker,2008)。另外,在深入访谈的基础上,Schaufeli、Taris 和 Le Blanc 等(2001)研究发现专注是工作投入的第三个维度。

Kahn(1990)从一个新的视角对工作投入做了定义:"组织成员将自我带入到工作角色中,当员工投入工作时,会充分调动他们的身体、认知和情感资源来完成他们的角色任务"[②]。因此,投入状态中的员工会在工作中做出巨大的努力,因为他们认同这份工作。根据 Kahn(1990)的研究,一方面员工调动个人资源(体力、认知、情感和精神)到他们的工作中,另一方面工作角色允许他们充分表达自己,这两者间存在动态的、辩证的关系。Kahn(1992)对工作投入、心理存在或者心理体验

① Schaufeli W B,Salanova M,González-Rom V,et al. The measurement of engagement and burnout:A two sample confirmatory factor analytic approach. Journal of Happiness studies,2002,3(1):74.

② Kahn W A. Psychological conditions of personal engagement and disengagement at work. Academy of Management Journal,1990,33(4):694.

做出了区分,后者是"人们关注于角色,感知自己与角色绩效紧密相连"。与之不同的是,投入是一种将心理存在,特别是精神状态显现出来的行为(调动精力到工作中)。因此,投入可以产生积极的结果,会带来员工的个人成长和发展,也会带来组织的绩效。

在 Kahn(1990,1992)的研究之后,Rothbard(2001)对工作投入做了小小的调整,将投入定义为两个维度的激励性的概念,包括注意力(个体思考角色的认知范围和时间数量)和专注(个体关注角色的程度)。

大多数学者认为投入包括精力维度和认同维度。工作投入是在工作中高水平的精力和对工作强烈的认同。学术界对工作投入的定义已经有了一个大致的定论,那就是关注员工的工作体验。遗憾的是,在过去的几十年中,在对这个概念的广泛挖掘中还没有就工作投入的意义达成共识。在 Macey 和 Schneider(2008)的一篇综述研究中,列举了一系列关于投入的定义,很多都是老瓶装新酒。这些研究者试图解决定义的混乱,将员工的工作投入定义为一个包含各种类型的投入的概念,比如特质投入、状态投入、行为投入,每种类型都将各式各样的概念囊括进来,比如主动性人格(特质投入)、卷入(状态投入)和组织公民行为(行为投入)。相反的,本书认为工作投入的操作性定义为一个特定的、正确操作化的心理状态,可以用来更好地开展实证研究和实践应用。

Kahn 创造性地从人类学的角度对工作投入进行了研究,论证了工作投入积极影响着组织的稳定性和员工的工作绩效,进一步探索了工作投入心理状态的影响要素,开创性地对工作投入提出了一个综合的理论模型,其不足之处在于不能对工作投入的概念进行操作化测量。因此,在当时并没有得到热烈的响应。但是近年来,随着积极组织行为学及心理学的日益兴起,对工作投入的探索也日益兴盛,众多学者纷纷研究起工作投入的相关理论。以 May 为代表的众多学者以 Kahn 的理论为蓝本,在 2004 年进行了一项实证研究,证实了认知、情感和生理这三方面对工作投入的作用,并得出结论:员工工作投入与其心理可获得感、意义感、安全感这三方面之间均呈正相关关系。

以 Harter 为代表的一些研究者在 2003 年通过盖洛普民意测验并基于美国 36 个公司中的 7939 个职位对工作投入进行了基础性的研究。研究表明工作投入主要有两个表现形式:其一是投入工作之后,员工能够常常获得幸福感和价值感,在与同事共同完成工作时能够收获存在感,对自己人生方向的发展规划充满希望和干劲;其二是员工自身拥有了解工作需要的能力,对自己需要做什么,如何做,有清晰明了的认识。

他们对工作投入的定义突出了心理、情感与工作之间的联系程度,以及员工对其工作任务的熟悉度,表明员工在工作中找到存在感的同时也对工作任务十分熟悉。这样定义之后工作投入的应用范围就比较广泛,且具备更好的可操作性。但是由于这种界定方法以人力资源实践为基础,更多的是强调组织环境对员工的要求和领导支持的作用,而较少涉及员工对工作任务积极主动的全身心付出,与其说是对工作投入的界定,还不如说是对工作投入原因的界定。此外,盖洛普民意测验预测虽然有着较高的准确度,但是这种基于实践基础的定义在理论方面有一定的缺陷。在此基础上,有研究者单纯地针对员工与工作的关联性,提出了类似于工作投入的术语——连接感。他们认为连接感是指"履行工作任务是有趣并且重要的,是受组织和他人欣赏与尊重的,并且个体价值同组织价值是密不可分的。"

从研究理论的发展历程分析,缓和员工的工作倦怠现象是学者进行工作投入研究的主要原因,尽管早期已经有以 Kahn 为代表的一些学者对工作投入进行了一定程度的界定,但这是人类历史上第一次进行相关方面的研究,仍需要进一步的探索与论证。十年之后,由于积极心理学思潮的影响及来自工作倦怠研究的启发,再加上对工作投入的界定方式一直沿袭着最初的界定模式,因此学者们不可避免地会将研究转向与工作倦怠相反的角度进行界定。事实上,在实践中,专注代表着工作投入的认知方面,奉献反映的是行为方面,而活力则显示的是认知方面。不论如何对工作投入进行定义,都可以将其描述为致力于工作获得满足感,积极、主动、不间断地进行工作的一种心理状态。

三、工作投入的测量

有好几种方法可以用来测量工作投入(Schaufeli,Bakker,2008),但是本书集中介绍更广泛、有效的测量方式。那些遵循 Maslach 和 Leiter(1997,2008)范式研究的学者使用了 MBI(Maslach et al,1996)来测量活力(反向计分的耗竭)、卷入(反向计分的愤世嫉俗)和自我效能感(正向计分的效能感)。另一个对工作投入的测量方式是 OLBI(oldenburg burnout inventory)(Demerouti,Bakker,2008;Demerouti,Bakker,Nachreiner et al,2002)。这个量表最早是用来测量工作倦怠的,但是它包括积极和消极的语句题项,因此也可以用来测量工作投入(González-Romá et al,2006)。研究者对于工作投入进行测量,可以对 OLBI 的题项进行重新编码反向计分。OLBI 包括两个维度:一个是从耗竭到活力,另一个是从愤世嫉俗到奉献。这个量表的信度和效度都被德国、希腊、荷兰、美国和南非的研究者们验证过(Demerouti,Bakker,2008)。这些研究的结果表明,工作投入具有活力和奉献这两个有效的维度(有一些研究参照了耗竭和愤世嫉俗),相对于其他的因子概念,这两个维度被认为具有更好的验证性效益。

最常用来测量工作投入的量表是 UWES(utrecht work engagement scale)(Schaufeli,Bakker,2008;Schaufeli et al,2002),这个量表包括三个子量表:活力、奉献和专注。UWES 被很多国家的研究者验证了其效度,包括中国(Yi-Wen,Yi-Qun,2005)、芬兰(Hakanen,2002)、希腊(Xanthopoulou,Bakker,Demerouti et al,2006)、日本(Shimazu et al,2008)、南非(Storm,Rothmann,2003)、西班牙(Schaufeli et al,2002)和荷兰(Schaufeli,Bakker,2004;Schaufeli et al,2002)。这

些研究都用了验证性因子分析来表明三因子结构的工作投入研究模型优于其他的模型。另外,这三个子量表的内部一致性也在每个研究中得到了验证。需要说明的是,还是有一些研究无法证明三因子的有效性(比如 Shimazu et al,2003;Sonnentag,2003)。这可能部分归结于翻译上的问题,因为有些题项包含有隐喻(比如,"当我工作时,时光飞逝")。Schaufeli 和 Bakker(2009)进一步认为,在实证研究中,工作投入的整体分数比 UWES 三个维度分开计算的分数更为有效。Schaufeli、Bakker 和 Salanova(2006)开发了具有 9 个题项的工作投入量表,被证明有广泛的效度,表明三因子概念的工作投入具有更强的有效性。

四、工作投入与相关概念的区分

任何一种新的概念的提出,为了避免同已有概念混淆,都要经受严格的区分效度检验,工作投入也不例外。工作投入从行为、情感和认知层面诠释了员工对于工作的态度。同许多新生的定义一致,作为研究工作态度理论的一部分,工作投入很有可能与目前已有的部分心理学术语在含义上存在一定的相似性或联系。其中,最容易引起混淆的就是工作投入与工作沉迷、工作卷入、组织承诺之间的关系。在此对工作投入及相关概念加以简单区分。

1. 工作投入与工作沉迷

"工作沉迷"是由美国宗教学教授 Oates(1971)最先提出的。他认为工作沉迷是员工受到强迫或无法控制的需要的驱使而不停地工作。

工作狂,即沉迷于工作的人。他们对工作有一种近乎疯狂的需求,造成其身体抱恙、缺乏人际交流及沟通,大大损害其幸福感及社会存在感。不少研究人员对这项界定持赞成意见,觉得工作沉迷是一种与烟酒成瘾一样的不良行径。

当然,也有部分研究者基于组织角度给予工作沉迷积极的评价。认为沉迷于工作的员工热爱其工作且能够从中获得满足感,可以做出更多让人惊喜的成绩,因此这部分研究者将工作沉迷的员工称为"精力过盛工作者"。

在这两种截然不同的观点不断地争辩与讨论过程中,又有人提出了新的观点,认为工作沉迷可以是消极的,也可以是积极的,并提出以"好"与"不好"为区分点来界定工作沉迷的积极与否。其中具有代表性的学者有 Keichel,他提出将工作沉迷区分为"幸福快乐型"和"技能障碍型"两种类型。

对工作沉迷的界定范围最广的研究理论认为,工作沉迷的基本成分是工作乐趣、工作内驱力和工作卷入三个方面。其中工作乐趣是指工作所带来的幸福感和满意感;工作内驱力是指来自内部的压力并强迫自己进行工作;工作卷入则是指沉浸在工作之中并愿意为此付出大量的时间。三个方面不同程度的组合构成了不同类型的工作沉迷。"工作狂"是指即使有充分自由的空间,也会把大部分时间花费在工作上,是极度努力工作的员工。另外,"工作狂"很不情愿脱离工作,当他们休息时,也会坚持并经常思考他们的工作。这就表明,"工作狂"非常沉迷于他们的工作,他们是强迫型的工作者(Schaufeli,Taris,Bakker,2006;Scottl,Moore,Miceli,1997)。投入的员工工作努力(活力),卷入工作中(奉献),并很高兴地全神贯注(专注)于工作。在这个意义上,他们似乎和"工作狂"是相似的。但是,不同于"工作狂"的是,投入工作的员工缺乏典型的强迫型的驱动力。在他们看来,工作是一种乐趣,而不是一种瘾,正如一个对15名工作投入员工的质性研究发现(Schaufeli et al,2002),投入工作的员工之所以工作努力,是因为他们很喜欢工作,而不是因为他们被内在的强烈意愿所驱动而不能停止工作。"工作狂"有一种对工作的渴望,即使是伤害到自身的健康;他们的幸福感并不强,还会恶化社会交往与人际关系(Bakker,Demerouti,Burke,2009)。简而言之,工作投入与工作沉迷并不一样(Taris,Schaufeli,Shimazu,2010)。过去的研究也表明,工作投入和工作沉迷并不一样(Hallberg,Johansson,Schaufeli,2007),也与工作卷入和组织承诺不同(Hallberg,Schaufeli,2006)。另外,Halbesleben和Wheeler(2008)研究表明,工作投入和工作嵌入也不同。

首先,由于对工作沉迷这一概念的看法和观点不同,因此就为辨别工作投入与工作沉迷这两个概念在认识上的异同带来了困难,但仍可以从如下角度了解两者的关系。如果把工作沉迷定义为一种类似于现在所说的沉迷于网络的沉迷,一种上瘾的不良状态,那么工作投入与工作沉迷就很好区分了。显而易见,工作投入是积极的、向上的,而且无论从动机还是状态上来说都是如此。在具体的表现上,工作投入与工作沉迷的人都是一直努力地工作,以及忠于自己的组织或集体,但是工作沉迷会有一种被压迫、受到强力推动的感觉;而工作投入则不会,工作投入是出于对工作的热爱。对于工作投入的人来说,工作是一种享受而不是负担,近期的一项研究证实工作投入和工作成瘾几乎不存在相关性。

其次,若把工作沉迷定义为积极的或者具有两个双向的特征,就成了与工作投入相似的概念。工作投入的人有活力感、与工作保持着有效的连接,并能够很好地处理工作上的要求。至于工作沉迷的人,积极的人会享受工作并对工作表现出极大的热情,并且积极地克服家庭与工作之间的矛盾,是乐观的工作者。当然工作投入与工作沉迷相比,还有很多的不同:工作投入的人是主动、积极地生活,乐于奉献,还会在心理与社会交往方面表现良好;而工作沉迷的人则罕有积极的生活,对工作绝对忠诚到甚至牺牲自身的一切,如友情或心理健康等。也就是说,工作投入的人越努力工作,就会有越高的绩效和越多的幸福感。虽然工作沉迷的人也同样努力工作并产生高绩效,但是仅仅感受到一时的工作乐趣并不能说明就拥有令人满意的生活和社交。从上述说明来看,工作沉迷多多少少会带有一些消极面,工作投入则是完完全全积极乐观的概念。

2. 工作投入与工作卷入、组织承诺

1945年,Allport率先提出了"工作卷入"这一概念,并且为其做了定义,认为工作卷入是员工对工作的态度最投入的表现。Psych INFO数据库中至今已有千余篇以工作卷入为研究主题的文章,尽管如此,对工作卷入的概念界定和操作性定义依旧十分混乱。通过整理不难发现,目前对于工作卷入来说,主要有两方面的研究:第一种是研究分析个体的自尊是怎样被工作影响的;第二种是研究怎么帮助个体对工作建立内外一致的认同感。Kanungo 提出工作卷入是指在工作环境下,员工对自己工作的态度与认知。Brown 则在前人的基础上经过对工作卷入外延的元分析之后,提出了工作卷入的一些特征:工作卷入主要是指员工心理上对工作的认同度,更多地加入了个体因素,也就是说内在因素占有重要地位。对于工作投入的员工来说,工作投入的程度不只是受到工作上的资源的影响,还受到员工自身的影响。也就是说,工作投入与工作、员工各方面资源的关系全面且复杂。组织承诺是指个体认同并参与一个组织的强度。Kahn 阐述了工作投入与工作卷入、组织承诺的差异,认为组织承诺和工作卷入是像照片一样静止的,工作投入则是动态的。通过工作卷入和组织承诺,可以自然地了解员工现阶段的工作状况,但是却不详细,对于员工在特定的情况下工作的行为和体验描述不清。通过工作投入则可以一针见血地找出员工的问题,明确地展现出员工的自我。

3. 工作投入与涌流

1988 年,Csikszentmihalyi 提出了"心流"这一概念,在某些时候也被翻译成"涌流",具体是指人们在工作中遇到的一段特别的体验。涌流是一种心理上的状态,表示当人们进入工作状态时就不会受到其他事情的干扰,是一种令人享受的工作状态。另外,涌流也表示一种高峰体验,不止来自与工作相关的一切,还可以来自生活中的方方面面。当面对具有刺激性的工作时,能够完成这个工作的员工才能体会到涌流,这是一个专注与快乐相结合的概念。当员工的工作可以不受打扰、任务可以有多种多样的结果(包括使注意力集中于身体的重复运动)时,涌流体验很有可能会发生。涌流需要任务难度适中,这样才易于完成。任务太简单,没有挑战性,容易使人产生厌倦;任务太难,则可能使人产生挫折感。

虽然涌流与工作投入具有很多的相同点,但仍有很多的区别。涌流可以出现在生活中的各个方面,是种短暂的高峰体验,而工作投入则只出现在工作方面,是种不间断的状态。

五、工作投入与工作绩效的关系

Bakker 认为投入的员工比不投入的员工工作绩效更高,这是因为投入的员工经常体验到积极的情绪,包括幸福、愉悦和激情;能够维持更好的心理和生理健康;能够创造令他们自给自足的工作和个人资源(比如他人支持);能够将自身的工作投入传递给他人。工作投入带来的积极情绪之所以可以扩展人们的思维和行为模式(Fredrickson,2003),也能促进身体健康,是因为个体可以全面发挥其精神和身体资源(技能、能力和知识等)。另外,投入工作状态的员工可以创造他们的个人资源,可以更好地应对工作要求,以达成工作目标(Bakker,Demerouti,2007)。在大多数组织中,绩效是最能综合考察员工工作努力程度的指标,因此,团队内的员工之间工作投入的相互传递可以促进绩效。

只有少量研究探讨了工作投入对工作绩效的影响(Bakker,Demerouti,2008),因此,还需要进一步的研究。Bakker、Demerouti 和 Verbeke(2004)表明工作投入的员工会有更高的角色外绩效和角色内绩效(同事评价),能够很好地完成任务并有意愿做工作范围之外的事。另外,Schaufeli、Taris 和 Bakker(2006)对荷兰多个领域的员工进行了调查,发现工作投入与角色内绩效呈正相关。这些研究结果在 Gierveld 和 Bakker(2005)对秘书的研究中也得到了证实,工作投入状态的秘书能产生更高的角色内绩效和角色外绩效。另外,研究结果还表明,工作投入的秘书对日常工作具有更大的影响,他们经常被要求做更多的任务,包括人事预选、组织的交易展示、会议,以及网站的维护。

Salanova、Agut 和 Peiro(2005)对西班牙的餐厅和旅馆进行了研究,通过与超过 100 个服务实体(旅馆前台和饭店)的接触,发现了组织资源、工作投入和服务氛围之间的关系。另外,这些店的顾客还对员工绩效和顾客忠诚度做出了评价。结构方程模型分析与完全中介模型相吻合,发现组织资源和工作投入能够预测服务氛围,然后服务氛围进一步预测了员工绩效和顾客忠诚度。Xanthopoulou、Bakker、Demerouti 等(2009)采用日记调查法对希腊快餐店员工进行了研究,发现通过工作投入可以预测每天的经济盈利。

总之,工作投入和绩效之间存在积极的作用。当员工在工作中充满活力、热情时,会带来更好的角色内绩效和角色外绩效。因此,投入的员工可以带来更好的商业利润,并能使客户和顾客的满意度更高。

第三节　心理资本研究综述

一、心理资本的研究取向

积极组织行为学的研究由密歇根大学建立的积极组织学术研究小组发起,目标是研究组织及员工积极的情感、积极的个体特征、积极的工作过程和积极的组织结果。与传统组织行为学研究的不同点在于,积极组织行为学主要着眼于员工的积极态度、动机、情感或者行为研究,试图从积极的角度解释组织和员工存在的美好的情绪或情感,并探讨发掘与利用这些积极的概念,以实现组织、员工的目标(曾晖等,2005)。积极组织行为学认为积极概念要符合以下四个条件:具有积极性和独特性;具有相应的理论基础;可以被测量;可以被发展并产生效益。

在积极心理学运动和积极组织行为学的基础上,Seligman(2002)提出了心理资本这一观点,指出心理资本是可以影响个体积极态度和行为的类状态概念。由此,研究积极组织行为学的专家提出了一套严谨的定义,涉及自我效能感(自信)、希望、乐观、主观幸福感、情绪智力等。以上这些概念来自积极心理学的研究,多是关于积极情绪或情感体验的研究。Luthans 认为,心理资本与社会资本、人力资本不一样,心理资本主要以员工积极的心理状态为核心,重点是对"你是谁"或是"你希望自己变成怎样的人"等问题的强调(Luthans,2002)。因此,在 2004 年,Luthans 等指出与积极组织行为学相符合的四种心理状态,即乐观、自信、坚韧、希望,并把这四个标准归纳成一个高阶的概念,也就是心理资本。之所以提及心理资本这一概念,是因为在人力资源管理的整个过程中,组织应该对员工给予更多的重视——主要是对其心理状况的重视,并努力开发其积极的态度从而进行管理,使员工的潜力发挥出来,最终给组织带来更大的价值,而这些都需要该概念的引导。由于此概念的提出,关于组织行为学的一系列研究的领域得以拓展,进而有更多学者对心理资本开展研究。根据目前对心理资本的研究分析,心理资本的研究存在很多相异的取向,主要包括三种:特质论、状态论和类状态论。

1. 心理资本的特质论取向

经济学家 Goldsmith 曾指出心理资本存在较强的稳定性,并具备积极性。美国学者 Hosen 等(2003)提出,所谓心理资本,就是员工采取学习等途径进行投入后所得到的一种具有持续性和稳定性的积极心理概念,这一心理概念主要是指个性、品质、认知等(Ron,Dina,Louis,2003)。Cole 和 Letcher 等也支持 Ron 等的观点。Cole(2006)认为心理资本对员工的行为态度和产出有影响,属于特殊的人格特质。Letcher(2003)等对此表示赞同,他指出心理资本与人格特质相同,特别是积极的品质,在此基础上,他还提出心理资本具备五大人格特质的特性。

2. 心理资本的状态论取向

Seligman 等表示心理资本是一种积极的状态,他提出心理资本与积极的心理状态等同。Tettegah 也认为心理资本是员工对一类积极认知因素的综合,其中包括自我、工作及人生(Tettegah,2002)。Luthans 等通过对心理资本、社会资本和人力资本三者的区别分析,对心理资本进行了更加详细的定义。他们指出心理资本是一种积极的心理状态,与员工积极行为和态度一致,人们可以对这种心理状态进行合理开发,以促进员工的竞争优势(Luthans,2004)。Avolio 等指出心理资本是一种积极的心理状况,不仅可以帮助提高员工的工作绩效,还可以影响其工作态度,有助于其行为的改善,诸如此类的积极心理状态能够为组织创造更好的绩效,营造更加和谐的氛围,最重要的是能使员工获得满意的职业发展前景。Luthans 等(2005)对中国员工的工作绩效及其心理资本进行研究,发现心理资本可以促进员工绩效和职业成功,是一种积极的心理状态。

3. 心理资本的类状态论取向

在 21 世纪初,Avolio 等在对"心理资本"一词进行分析的过程中,第一次指出心理资本属于"类状态"概念的一种,他们认为心理资本是一种与状态相似的类状态,具有稳定性且可以被发展,是一系列积极心理因素的整合。心理资本的这种特征说明心理资本具备稳定性的特点,这是它可以被测量的原因所在;与此同时,采取干预手段可以促进心理资本的增长,可采取适当的干预手段对心理资本实施管理、开发(Avolio,Luthans,2006)。

类状态的理论基础是心理变量的"革新的开放性"与"测量的稳定性"(柯江林,孙健敏等,2009)。基于心理变量这两方面的特点,心理变量可划分为四种类型:第一种心理变量处于绝对状态下,这类心理变量具有易变化性,有喜、乐等不同情绪或感情;第二种心理变量为类状态,虽然它具有相对稳定的特点,但是改变起来比较容易,可以对其实行管理与开发,比如幸福感、坚强等;第三种心理变量属于特质类,此种心理变量相对稳定,比较难改变,比如性格、大五人格等;第四种心理变量是绝对特质类,此种心理变量稳定性极高,也比较难改变,比如智力、天赋等(李永瑞,孙建敏等,2009)。

在现阶段研究心理资本的学者看来,心理资本属于一种类状态的变量。心理资本不但具有状态性的心理概念,而且还具有特质性的心理概念。从稳定性角度来分析,在心理变量中,心理资本属于中间层次的一类,与易变的心理状态比较,它更具有稳定性;从改变的可能性角度分析,与稳定的心理特质(如人格)相比,对其改变相对比较容易。由于心理资本类状态论的提出,许多学者开始把目光集中在心理资本研究上,有关心理资本的各种研究活动非常丰富。

二、心理资本的测量

在研究当前的相关文献后,笔者发现自我报告法是当前心理资本的主要测量方式。下面简单梳理了两种常见于相关文献的心理资本问卷。

1. Luthans 等的心理资本问卷

Luthans 等(2007)以积极组织行为学的入选标准和心理资本的类状态性特点为依据,选出了乐观、韧性、希望、自我效能感等四个心理资本维度。他们从已有研究的成熟问卷中进行挑选,形成所选用的问卷条目。其中,Scheier 等(1985)开发的生活取向测验是乐观维度的参考依据;Wagnild 等(1993)开发的韧性量表是韧性维度的参考依据;Snyder 等(1997)的希望状态量表是希望维度的参考依据;Parker等(1998)的效能感量表是自我效能感维度的参考依据。Likert 六点计分法是研究者所采用的计分方式。个体的心理资本得分计算方式是:算出 24 个条目的心理资本问卷的四个维度总分的平均值。这 24 个条目的心理资本问卷各含有 6个表面效度和内容效度均较高的条目代表四个维度。从后续研究结果看,心理资本问卷(PCQ-24)是一项可用于后续研究的工具,具有较好的效度和信度(Luthans,Avolio,Avey et al,2007)。温晶等(2009)展开了一项调查,对象是 908名中国企业员工,所用的工具是心理资本问卷(PCQ-24),测量结果为:重测相关系数为 0.6982~0.7453;各分量表及总量表的 Cronbach a 系数为 0.7031~0.8125,结果表明中文版的心理资本问卷的信度较好。探索性因素分析结果显示"心理资本的 24 个条目可以分解为四个因子,累计可以解释约 65.48% 的变异量",模型的拟合程度好,验证性因素分析结果显示良好,也在一定程度上说明心理资本问卷的理论概念成立。该结果表明心理资本问卷(PCQ-24)中文修订版是一项可用在中国情境下的研究工具,在效度、信度等方面也已经满足了心理测量学的要求(温磊,七十三,张玉柱,2009)

2.柯江林等的本土心理资本量表

以积极组织行为学理论为支撑,在心理资本的文献研究、开放式问卷调查等方法的帮助下,柯江林、孙健敏和李永瑞(2009)收集了大量关于心理资本行为事件的陈述句,并形成了 98 个条目的心理资本初始问卷。问卷的计分方法为 Likert 六点计分法,在回收并分析 160 份初测问卷后,最终形成包含 63 个条目的二阶双因素结构的本土心理资本量表。本土心理资本的二阶双因素包括人际型心理资本和事务型心理资本。奋发进取、自信勇敢、乐观希望等是事务型心理资本包含的维度,感恩奉献、尊敬礼让、包容宽恕等是人际型心理资本所包含的维度。信度分析结果为:本土心理资本量表的总体 Cronbach a 系数为 0.86;人际型心理资本各维度的 Cronbach a 系数为 0.71~0.83;事务型心理资本各维度的 Cronbach a 系数为 0.70~0.84。结论表明本土心理资本量表的信度良好。依据探索性因素分析结果,问卷的概念效度也较好。在降低被试的疲劳及填答抗拒心理的驱使下,研究者以因素负荷值的高低为依据,按照从高到低的顺序从每个因素中各选出 5 个项目,最终产生了短版量表,该量表由 40 道题组成。在分析短版量表的效度、信度后,研究者得出以下结论:短版量表的效度、信度良好。

三、心理资本的积极影响和干预研究

积极组织行为学为组织社会化提供了一个全新的令人激动的研究方法,对其理论和实践都起到了帮助作用。首先,心理资本与传统的社会化工作结果变量呈正相关,长期以来,传统的组织社会化研究的重要结果变量就是工作绩效、工作满意度和组织承诺(Luthans,Avolio,Avey et al,2007)。其次,研究者也在倡导要将组织社会化对工作结果的中介机制做进一步的研究(Ashforth,Sluss,Harrision,2007;Bauer et al,1998)。最后,也是最重要的一点,心理资本的每个单独维度都会促进心理幸福感的获取,因此值得对心理资本进行研究(Xanthopoulou,Bakker,Demerouti et al,2009)。

为了探讨心理资本会对组织和员工有哪些积极的影响,学者还展开了一系列的研究,研究表明较高水平的心理资本不仅可以减少员工的工作倦怠,还可以促进员工的工作绩效。同时心理资本作为类状态的积极心理资源,开辟了积极组织行为研究的新天地。Luthans 等(2006)对心理资本微干预模型进行了研究,该模型为促进心理资本的四个基本维度提出了相应的策略,具体观点为个体的心理资本水平可以用增强乐观、韧性等方式来提升,这些方法也能够提高个体的工作绩效。一套具体的可操作方案由 Luthans 等设计产生,包括通过干预的手段帮助员工进行目标与路径设计,并帮助他们提高希望水平;要想提高员工的乐观水平,可以帮助他们增强自我效能感、树立积极的期望;而员工自我效能感的提高需要通过激励、榜样、示范等手段帮助他们获得成功体验;增强员工韧性的手段为增加员工工作资源、避免失败风险等(Luthans,Avey,Avolio et al,2007)。

Luthans、Avey 和 Avolio 等(2006)通过三个研究,发现短期的、微观的干预可以有效地促进管理系学生和企业经理的心理资本上升。Luthans、Avey 和 Patera(2008)发现两个小时的网络远程的培训干预可以成功塑造不同行业的员工的心理资本。

Luthans、Avolio 和 Walumbwa 等(2005)对中国的员工展开研究,发现心理资本和绩效呈正相关。Luthans、Avey 和 Avolio 等(2006)发展了对心理资本干预(PCI)的研究,发现这种干预不仅可以提高心理资本,还可以提高员工和组织的绩效,并能降低员工的离职意向。Avey、Patera 和 West(2006)发现心理资本对员工旷工现象具有负向的影响,也就是说进一步促进员工的心理资本,可以减少组织中因旷工带来的损失。Luthans、Avolio 和 Avey 等(2007)对心理资本量表进行信度和效度验证后,还进一步发现了自我效能感、希望、乐观和韧性这四个维度的合并比单独的维度更能够预测员工绩效和工作满意度。Luthans、Norman 和 Avolio 等(2008)发现组织中的支持氛围可以促进心理资本水平提高,而高水平的心理资本进一步影响了工作满意度、绩效和承诺。Luthans、Avey 和 Clapp-Smitha 等(2008)通过对中国劳动资源的研究,表明了心理资本促进绩效的积极作用。Luthans、Avey 和 Patera(2008)通过网络训练的干预,表明心理资本是一种类状态,可以发展。Avey、Luthans 和 Jensen(2009)从积极的角度,发现心理资本可以降低员工的离职率和工作压力。Luthans、Avey 和 Avolio 等(2010)通过研究发现心理资本可以通过干预模型得到提高,并进一步发现在领导执行干预模型后,员工的心理资本提高对后续的绩效也有积极作用。Regoa、Marques 和 Leal 等(2010)进一步讨论了员工评价绩效、心理资本、领导评价绩效三者之间的关系,发现员工的心理资本与员工评价绩效呈正相关,但与领导评价绩效无关,原因可能在于绩效评价体系抵消了心理资本对绩效的关系,或者领导评价绩效不代表员工绩效,绩效评价体系可能有误差。Avey、Reichard 和 Luthans 等(2011)对现有的心理资本与一系列积极的态度和行为、消极的态度和行为影响做了元分析的研究,元分析的结果表明,心理资本与积极的组织变量,如工作满意度、组织承诺、心理幸福感、组织公民行为、工作绩效呈正相关,与消极的工作态度和行为呈负相关,如犬儒主义、离职意向、工作压力、焦虑和越轨行为。

总之,心理资本作为员工的一种积极的可发展的类状态资源,是可以被组织影响的,并会为组织和员工带来良好的结果。

第三章　新生代员工独特心理需求和主动行为对组织社会化的影响机理研究

第一节　质性研究设计

本书的研究对象——新生代员工的组织社会化及其结果特别复杂,它一方面具备组织社会化相关的客观规律性;另一方面又被很多因素影响,比如新生代员工的成长经历和工作、社会、历史、文化等因素。员工和组织具有相对独立性,又彼此作用和关联,形成统一的整体;新生代员工的个人特征和工作需求既在某一时间点上相对静止,又随着组织社会化的影响而变化,从而使得组织社会化程度对其心理资本、工作投入造成影响,具有动态性。新生代员工与上一代员工不同的特质也决定了对其组织社会化的研究不可以只采用量化或质性研究范式。由于对新生代员工组织社会化的研究尚没有扎实的理论基础,对个人特征和工作需求也没有成熟的量表,而对心理资本和工作投入的研究则有一定的理论基础和广泛运用的量表,因此只有将质性研究与量化研究方法进行统一,才能让研究新生代员工组织社会化的社会性和科学性有效结合,让其不仅对组织社会化理论有贡献,而且对企业实践者也有启示和帮助。因此,本章用扎根理论的质性研究方法挖掘新生代员工的特征及其对组织社会化的影响。

1.数据采集

随着网民上网习惯的改变和其心理的日趋成熟,以及网民数量的不断增多,网民结构越来越接近现实生活中的人类结构,互联网正逐步成为主流媒体并发挥其自身的作用。由于网络具有参与者自愿、可保存性、覆盖面广等优势,众多学者开始将网络这一工具用于自己的研究(Godes,Mayzlin,2004)。如有的学者利用网络传播来探讨山寨模式的形成机理(陶厚永,李燕萍,骆振心,2010),有的则通过网友评论的帖子剖析企业被"逼捐"的现象(黄敏学,李小玲,朱华伟,2008)。尤其是随着 Web 2.0 的出现,网民行为发生了很大变化,从微博上获得信息较以往变得更容易。微博最大的特点是快速更新、群策群力,研究人员可以根据微博的特点来获得学科前沿资讯,发现学科热点并对其追踪与分析[①]。微博内容更新速度极快,比

---

① 盛宇.基于微博的学科热点发现、追踪与分析.图书情报工作,2012(56):32-37.

论坛信息、网页数据、期刊都快,这是其他信息来源无法比拟的,也成为获取前沿资料的最佳渠道(王晓光,2010)。

因此,本书利用网络数据可分析、可记录的优势,用新浪微博这一网络热门工具征集涉及新生代员工管理相关研究的文章和新闻。由于不同的视角和身份,人们对新生代员工的看法和评价也不同。为保证本书中所采用的数据是具代表性、客观性和全面性的,本书中的评述来源主要为新生代员工本人评论、企业管理者评论、研究者评论等。

2.研究方法选择

由于旨在探讨新生代员工在组织社会化过程中的特殊性,且目前国内外对新生代员工的组织期望和主动行为尚缺乏成熟的量表,因此,进行实证研究的难度较大。虽然,借助微博这个平台可以了解更多关于新生代员工的评论和研究,但也有其局限性,这些研究和评论一般都只是叙述性的介绍。

3.样本的选择

为了获取更多的有效样本,全面反映新生代员工在组织社会化过程中的影响因素,本书遵循以下原则甄选样本(表3.1):一是新生代员工具有时代的特征;二是网络资料的覆盖面尽量广泛并体现评论的专业性;三是样本来源的代表性,由于不同的评论者会从不同的视角来评价新生代员工,因此评论要包含正反两面。

表 3.1 部分样本及其基本情况示例

编号	主题	有效信息数量/条	用途
01	如何与"80 后"员工共赢	6	建模
02	留住新生代员工	5	建模
03	新生代的心式管理学	6	建模
04	增强新生代员工的归属感	2	检验
05	"80 后"员工如何带,"90 后"员工如何管	8	建模
06	新生代员工的选、用、育、留	9	建模
07	新生代员工管理的三把金钥匙	2	建模
08	管理职场新生代	4	检验
09	新生代员工管理	5	建模
10	从"刚性管理"到"柔性管理"	6	建模
11	新生代员工——"80 后"的管理	5	建模

资料来源:根据新浪微博有关新生代员工管理或者"80 后"员工管理的相关评论整理而成。

为了更好地选择出有代表性的评论,通过搜索中国人力资源开发网和智联招聘、新浪财经、网易等大型网站,以及新浪、腾讯、人民网三大国内微博网络平台关于新生代员工管理方面的评述,发现新浪微博对于新生代员工管理或"80后"员工管理的评论最集中,充分反映了社会大众对新生代员工的印象。新浪微博的网民参与度高、信息来源广,新浪微博关于新生代员工管理的帖子可以按照热点进行排序。因此,本书的候选样本均来自新浪微博上发表的关于新生代员工管理或"80后"员工管理的评论。

依照研究目的整理相关评论:首先,删除过于简单的评论(如只有"微博转发""赞"等);其次,删除不相关的评论(如新生代员工管理的培训课);再次,删除相似观点的评论(如复制他人内容);最后,获得有效评论600篇,其中的评论者有实名认证的公司,也有猎头或者公司管理人员,还有新生代员工或者其他网民。

第二节　新生代员工"需求-认知-行为"的组织社会化影响因素模型

一、开放编码

开放编码是指在一级编码(开放式登录)中,将所有的资料按其本身所呈现的状态进行登录,其目的在于从资料中发现概念类属。本书根据开放编码原则,将三类样本进行编码。样本数量有600篇,其中检验饱和度的有150篇,编码分析的有450篇。

开放编码的句子方式应按"评论编号-评论主体-评论内容的段落顺序-评论内容"的顺序,这样做的好处是能够将每句话的顺序保留,同时也能对每句话的内容进行分析。根据评论者的角色差异将其归为3类:"1"是管理实践者的评价,包括人力资源管理者、部门经理及其他管理者;"2"是员工的自我评价;"3"是专家学者的评价,包括咨询专家、研究学者。例如,编码"2-3-1-1"表示来自评论编号为2的专家学者的第1段评论中的第1句话。本书将研究资料进行整理,从资料中得出了14个范畴,117个概念,开放编码形成的范畴从表3.2中可以看出。

表 3.2　　　　　　　　　　　　开放编码形成的范畴

编号	范畴	概念
1	客观环境	改革开放;民主政治环境;市场经济体制;文化多样化和多元化;社会阶层和社会诸要素的急剧分化和重新组合;道德滑坡、诚信缺失;物质主义、功利主义大行其道;价值主体由社会本位向个人本位转化;信息化发展迅速;就业形势严峻;人才竞争激烈;家庭环境富裕
2	成长经历	计划生育政策;家庭的核心,被宠爱和溺爱;长辈的高期望;应试教育架构;教育资源丰富;大学扩招;考试和竞争压力大
3	个性与能力	受教育程度普遍较高;创新能力;思维敏捷;涉猎广泛;可塑性强;获取信息能力强;发散性思维好;缺乏团队协作意识和能力;社会适应力差;人际交往能力较差;抗挫折、抗打击能力差;乐观活泼;缺少公共意识;焦虑、无奈和彷徨;多元化价值观;具有批判精神;富有想象力;自由奔放;独立自主;现实和理性;拟成人化;渴望变化;探知欲望强烈;自尊心强;情感表达直接;敢想敢做;打破常规;反抗叛逆;冒险;以自我为中心;自信;自私虚荣;好高骛远
4	成就需求	富有竞争意识;更高的自我尊重与自我实现需求;求知欲强;渴望与众不同的表现;趋向功利和实用主义;对金钱的崇尚
5	生活需求	消费主义;享乐主义;喜欢快节奏、高频率、方便、时髦、流动的生活;工作与生活的平衡;具有品牌意识
6	政治需求	政治参与理性化;喜欢民主协商;较强的法律意识;要求平等、崇尚自由
7	人际需求	包容心较好;强烈的诉求欲望;渴望爱与关怀;渴望理解,渴望交流和表达;强烈的社会交往动机;热衷比较;重视友情;期望认可;心理依赖性强
8	主动行为	不断学习以提升自我;更主动地向组织提出要求;主动寻求机会和挑战;渴望表达自己的看法和见解;自我管理意愿突出
9	对领导的期望	不迷信权威;淡化等级观念;渴望被真诚对待;人性化;希望获得来自上级的肯定和赞赏;希望得到领导的及时反馈
10	对工作的期望	渴望变化;有挑战性的;不喜欢规则;人性化的工作环境;参与管理的意愿;灵活的工作时间和工作场所;自由宽松的工作氛围;更好的发展机会;更高的待遇;持续的学习机会;明确的目标和任务
11	组织支持	激励方式单一;机制不健全;薪酬激励体系不公平;"60后"的英雄式领导;缺乏人文关怀;传统的管理方式;人性化管理;差异化管理;弹性组织
12	工作态度	只承担有限责任;善变的职业理念;忠诚度不高;工作满意度较低;积极热情;富有激情,勇于挑战
13	工作行为	离职率较高,流动性大;开拓进取;争强好胜;挑战权威

二、主轴编码

主轴编码是指通过类聚分析的方法,将开放式编码中被分割的资料在不一样的范畴之间建立联系。在对概念类属进行关联性分析时,本书不仅考虑了这些概念类属本身之间的关联,还探寻了表达这些概念类属的被研究者的意图和动机,并将其放到当时的语境及其所处的社会文化背景中加以考虑。在对主轴编码进行理解分析后,可以看出研究的微博评论和文章之间存在内在的相互影响和联系,对其进行重新归类后生成了"心理需求的形成""组织期望的形成""组织期望与组织支持的匹配感知"和"组织社会化程度的形成"四大关系(表3.3)。

表 3.3　　　　　　　　　　　　基于主轴编码的四大关系

编号	关系类别	影响关系的范畴	关系的内涵
1	心理需求的形成	成长经历(25-2-2-1、34-2-1-2) 客观环境(30-1-1-5、67-2-1-4) 个性与能力(35-2-1-2、56-3-2-1) 生活需求(23-2-1-2、67-2-1-2) 人际需求(35-2-2-2、89-3-2-3) 政治需求(56-2-3-1、80-2-1-3) 成就需求(45-3-1-2、67-2-1-3)	在新生代员工的"成长经历"、所处的"客观环境",以及他们的"个性与能力"的交互影响下,新生代员工形成了他们的"生活需求""人际需求""政治需求"和"成就需求"
2	组织期望的形成	客观环境(30-1-1-5、67-2-2-1) 生活需求(23-2-2-2、70-2-1-2) 人际需求(34-1-2-1、86-2-2-1) 政治需求(53-1-3-1、57-1-2-2) 成就需求(45-3-1-2、67-2-1-3) 对领导的期望(56-2-1-2) 对工作的期望(79-2-2-1)	在"客观环境"的现实面前,新生代员工针对"生活需求""人际需求""政治需求"和"成就需求",对所处的组织提出了相应的"对领导的期望""对工作的期望",希望可以满足他们的心理需求
3	组织期望与组织支持的匹配感知	对领导的期望(75-2-1-2) 对工作的期望(66-2-3-2) 组织支持(35-2-1-2、37-2-1-1)	新生代员工将他们"对领导的期望""对工作的期望"与"组织支持"进行匹配,如组织给予的支持可以满足新生代员工对领导和工作的期望时,新生代员工产生匹配感知;反之,则产生不相匹配的感知
4	组织社会化程度的形成	对领导的期望(75-2-1-2) 对工作的期望(66-2-3-2) 组织支持(35-2-1-2、37-2-1-1) 工作态度(101-2-1-1、103-1-1-2、105-1-1-2、110-3-1-2) 工作行为(113-1-3-1、115-3-1-2、120-1-2-1) 主动行为(48-1-2-1、60-3-1-2)	新生代员工感知到"对领导的期望""对工作的期望"与"组织支持"相匹配时,会表现出积极的"工作态度"和"工作行为";而当感知到"组织支持"与他们的组织期望不相匹配时,他们就可能会选择离职或者产生消极的工作态度和行为,"主动行为"在这个过程中起到了调节作用

三、主范畴分析

主范畴分析是指在已经存在的范畴中进行发掘,并且发现其核心,同时联系其他范畴(凯西·卡麦兹,陈向明,边国英,2009)。本书通过表3.4梳理了两大主范畴:一是期望的形成,影响期望形成的因素包括关系类别中的"心理需求的形成"和"组织期望的形成";二是组织社会化程度的形成,包括"主动行为""组织期望与组织支持的匹配感知"和"组织社会化程度的形成"。显然,新生代员工的成长经历和所处的客观环境影响其生成心理需求,并进一步生成组织期望。在组织所能提供的支持和新生代员工对组织的期望的交互影响下,新生代员工感知到了组织期望与组织支持的匹配度。这种匹配感知进一步影响了组织社会化的生成,在生成过程中还受到了新生代员工主动行为的调节作用的影响。

表 3.4　　　　　　　　　　　　　　　　主范畴

主范畴	需求-期望	匹配感知-态度和行为
内涵	新生代员工的组织期望是由他们的心理需求决定的,新生代员工的心理需求的变化,造成了他们对组织的期望也产生了相应的变化	新生代员工对组织的期望的实现,受到了组织因素的限制,当他们感知到组织支持与组织期望相匹配时,会更快地学习组织相关的信息并加快组织社会化进度,这种匹配的感知在主动行为的调节作用下进一步影响了他们的组织社会化程度

四、选择编码

选择编码要求在选出主范畴之后,把它和其他范畴联系起来,这样做是要对它们进行关系验证,并以"故事线"方式描述行为现象和脉络条件,发展出新的理论构架(凯西·卡麦兹,陈向明,边国英,2009)。本书分析了新生代员工的心理需求和主动行为对其组织社会化程度的影响机理,核心问题可以范畴化为"新生代员工组织社会化影响因素",下面将分析该主范畴能否统领其他范畴。

毫无疑问,对新生代员工组织社会化的研究是在扎根理论的研究方法基础上实现的,可以解释新生代员工与上一代员工在心理需求和主动行为上的差异性,但这些特征是如何形成的?又是怎样影响新生代员工组织社会化程度的?这是本书重点关注的问题。

图3.1所示的"新生代员工组织社会化影响因素"这个理论与经典的"需求-期望-工具"理论是一致的。Vroom(1964)的"需求-期望-工具"理论认为,员工为了达到一定的目标,总是希望满足工作的需求,在目标尚未实现时,表现为一种期望。员工是否会采取某种态度或行动,如努力工作,取决于他认为这种行为可以在多大概率上达到某种结果,并且这种结果可以满足他的期望。员工的行为取决于个人

对组织的期望,以及个人对结果和满足期望之间关系的估计,是三者相比较的结果。受其成长经历、客观环境的影响,新生代员工在工作中表现出一系列和上一代员工差异较大的心理需求:他们在职业理念上更为善变(强国民,2008);希望组织结构更加扁平化,不迷信权威;自我管理意愿突出,渴望工作丰富化、灵活化和富有挑战性。这种心理需求使新生代员工对组织的期望更高,他们不仅视工作为谋生的手段,更是自我学习、自我实现的过程(Crampton,Hodge,2011),并希望领导更加人性化。当他们感知到组织给予的支持不能满足其心理需求时,就产生了组织期望与组织支持不相匹配的感知,从而影响了新生代员工的组织社会化程度。根据组织社会化的相关研究文献,新生代员工在组织社会化过程中会采取积极主动的行为,这种主动行为会帮助新生代员工获得信息和尽快融入组织。因此,匹配感知对组织社会化的影响会受到新生代员工主动行为的调节作用:如果调节的效果比较好,那么新生代员工能够拥有良好的工作态度,产生积极的工作行为;如果主动行为的调节效果甚微,那么会导致消极的工作态度和工作行为。从模型(图 3.1)中可以看出:一方面,组织支持和新生代员工组织期望的匹配相当重要,要针对不同的组织期望提供相应的组织支持;另一方面,在组织期望和组织支持不相匹配的情况下,通过鼓励主动行为,可以有效地增强新生代员工和组织的融合。

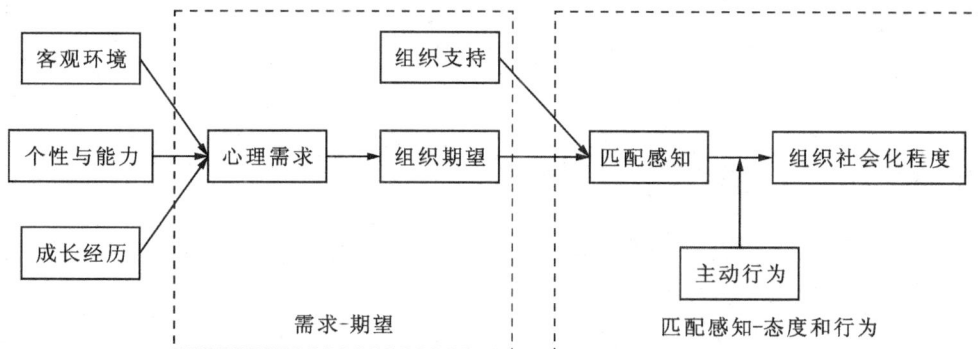

图 3.1　新生代员工组织社会化影响因素模型

五、理论饱和度检验

为了检验新生代员工组织社会化影响因素模型的饱和度,本书对预留的 150 个样本进行了编码和分析,发现相关资料的内容仍然反映“新生代员工组织社会化影响因素”的形成脉络和因果关系。由于评论太多,本书仅列举以下几条作为佐证。

(1)“80 后”个性张扬,自信心强,崇尚自由、平等、民主,表现出推陈出新、不拘一格的形象,面对复杂多变、不稳定的社会环境,他们的流动率、跳槽率高,组织归属感不深刻(35-3-1-2“个性与能力-工作态度-工作行为”)。

（2）因此，一要尊重他们，下班后他们干什么，没必要干涉；二要建立企业经理人制度和职业道德规范，不要用拔高的理念去约束他们（37-1-2-2"组织支持"）。

（3）"80后"员工的自尊心与成就感都比较强，而且没有耐心长期等待公司未来可能给予他们的奖励（67-2-1-3"成就需求-工作态度"）。

（4）不少老板诉苦，说现在的年轻人太难管理。与一些老板沟通之后发现，其实问题的根源不在"80后"员工身上（127-3-2-2"组织支持"）。

（5）有72.8%的企业选择了解员工想法、加强沟通的办法，而使用提升薪酬待遇这个办法的企业占比却不到30%，可见单纯提高薪酬、福利这种传统方法已经不是解决问题的主要方式（173-1-3-2"组织支持"）。

在对150个样本进行开放式编码后，发现没有形成新的概念和范畴，也没有形成新的关系，因此，可以认为上述理论模型是饱和的。

第四章　新生代员工组织社会化
对工作投入的影响研究

第一节　研究模型

　　由第三章的研究结果可以看出,由于社会、历史、文化、教育背景等因素的影响,新生代员工与上一代员工存在不同的心理需求和主动行为,这些因素作为前因变量或调节变量与组织因素交互影响着新生代员工的组织社会化程度,这为本书的新生代员工组织社会化研究的必要性提供了理论依据,也为本章的实证研究奠定了基础。既然新生代员工的组织社会化具有其独特性,那么以往的组织社会化理论研究是否对其适用,组织社会化对其工作行为的中介机制和边界机制如何也需要实证研究的进一步检验。由此在第三章的研究基础上,本章对新生代员工与上一代员工的工作行为——工作投入的差异性,新生代员工组织社会化程度对其工作投入的影响机理和边界效应进行了进一步的探讨。由第二章的理论基础和文献综述可看出,员工的工作态度和行为是能通过组织社会化看出来的,能够由员工心理资本实现,并且领导心理资本在以上的关系中可以起到一定的调节作用。根据本书所选择的组织社会化、心理资本和工作投入的概念,首先可以勾勒出本书的基本概念模型,如图 4.1 所示。本章将在上述文献综述和新生代员工组织社会化影响因素模型的基础上,结合已有相关研究展开理论探讨,通过问卷调查的实证研究方法提出组织社会化、领导和员工心理资本与工作投入作用机制的细化假设,并对新老员工的工作投入进行对比分析。

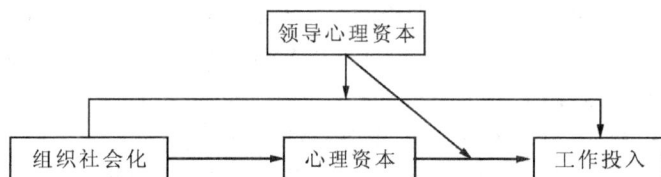

图 4.1　基本概念模型:新生代员工组织社会化、心理资本与工作投入

第二节　研究假设

一、新生代员工组织社会化与工作投入的关系

本书认为员工的工作投入会受到组织社会化的影响。工作投入是一种自我实现的过程，可以满足个体对工作成就感和价值感的需要。组织社会化会让新生代员工产生尽职尽责的工作理念，对新生代员工有激励和引导效果。员工组织社会化的过程包括员工在工作时的心理过程，这个过程包括工作的演变、形成和发展，同时这个过程也将个体特质、工作环境和家庭环境等因素融入工作中，能够对员工的身心健康、工作绩效和工作态度产生作用，并能够改善员工的状态，帮助其充分利用各种资源。

本书认为组织社会化对工作投入的影响同以往的工作资源的激励作用一致。研究表明，工作资源和工作投入之间存在积极的关系，比如，Schaufeli 和 Bakker（2004）发现绩效反馈、社会支持和导视培训这三种工作资源与工作投入（活力、奉献、专注）呈正相关，这个研究以荷兰员工为样本。这个结果随后被一个以 2000 名老师为样本的研究所证实（Hakanen，Bakker，Schaufeli，2006），结果表明，工作控制、信息、领导支持、创新氛围和社会氛围都与工作投入积极相关。另外，Koyuncu、Burke 和 Fiksenbaum（2006）以土耳其大型银行的专业员工为样本来挖掘工作投入的潜在前因变量和结果变量，结果表明工作生活的六个领域（Maslach，Leiter，1997），特别是工作控制、奖赏和赞誉、价值观匹配最能预测工作投入。最近的纵向研究也确认了工作资源会促进工作投入，Mauno、Kinnunen 和 Ruokolainen（2007）进行了一个为期 2 年的纵向研究来探讨芬兰医护人员的工作投入和其前因变量，发现工作资源比工作要求更能预测工作投入，工作控制和组织自尊最能预测工作投入，控制变量为第一阶段的工作投入。另外，在对荷兰电信公司经理和执行官的研究中，Schaufeli、Bakker 和 Van Rhenen（2009）发现工作资源的改变会对一年后的工作投入起到预测作用。研究发现社会支持、自主性、学习和发展的机会，以及工作反馈都是第二阶段工作投入的前因变量，控制变量为基准线的工作投入。这两个研究为组织社会化对工作投入的积极作用提供了重要的证据。

新生代员工的组织社会化对其工作投入起着激励作用，一方面，组织社会化促进员工的成长、学习和发展；另一方面，组织社会化有助于达成工作目标。组织社会化满足了人类基本的需求，比如获得自主、关系和能力的需求（Deci，Ryan，1985；Ryan，Frederick，1997；Van den Broeck，Vansteenkiste，De Witte et al，2008）。正确的反馈会促进学习，从而加强工作能力，而决策自主权和社会支持满足了自主性的需要和归属的需要。换言之，基本需求的满足或工作目标的达成，会带来更积极的工作结果，从而使员工产生更高程度的工作投入（Schaufeli，Bakker，2004；Schaufeli，Salanova，2007）。总而言之，组织社会化是工作投入重要的前因变量，组

织社会化可以减少工作要求带来的压力,可以帮助员工实现工作目标,激发个人成长、学习和发展。当面临较高的工作要求时,这些资源更能发挥潜力。基于以上分析,本书提出如下假设,并加以验证:

H1:新生代员工的组织社会化与工作投入呈正相关关系。

二、新生代员工组织社会化、心理资本与工作投入的关系

本节从两个方面论证心理资本的中介作用,首先论证新生代员工的组织社会化会提高他们的心理资本水平,之后论证心理资本水平的提高会促进他们的工作投入。

组织文化、组织政治、人际关系与工作胜任都是员工组织社会化要学习的重要内容,这些方面的学习有利于员工心理资本的增长。第一,组织社会化会加强新生代员工工作内容的学习,这样做能够使员工对组织有更加深入的了解,明确工作流程,同时更快地投入工作中去。组织社会化内容的学习对于发展新生代员工的韧性来说很有帮助,因为它教给新生代员工瞄准问题和解决问题的技能,可以让新生代员工从工作困境中尽快走出。因为组织社会化培训教给新生代员工相应的技能来缓解工作压力,所以对缓解工作要求和压力带来的负面影响也有帮助,从而可以培养新生代员工乐观的态度,帮助他们尽早实现工作目标。第二,组织社会化过程中,领导和同事的夸奖有利于员工对组织的认同,让员工体会到自己存在的价值。那些在工作中表现突出的员工会受到领导和同事的青睐,同时也增强了员工的自信心,员工会把领导和同事的夸奖作为自己奋斗的动力,努力工作。新生代员工在参加组织社会化内容学习时,可以学习和掌握工作所需要的知识和技能,丰富自己的工作经验,提高工作能力,这样新生代员工的心理素质就会大大提高,从而增加其工作适应程度。新生代员工在参与组织社会化活动时,会和领导、同事交流,并且和他们建立起人际关系,而人际关系也能增加其在组织中的融入程度。第三,组织社会化会给新生代员工带来社会支持和组织支持。社会支持由客观支持和主观支持两个方面组成,客观支持由信息和物质组成,主观支持包括个人受到尊重的满意度和情感支持等(周林刚,冯建华,2005)。对于新生代员工,组织支持的内容包括以下两个方面:员工在组织中受到的认可;同事对员工在网络上的支持。新生代员工在工作时,组织会积极地支持员工之间建立起社会支持关系,让员工在工作时感到开心。员工通过组织社会化内容的学习会增进韧性。自信、希望和乐观的态度,可以提高工作效率。第四,新生代员工在组织社会化学习时会培养共同的价值观。只要拥有相同的价值观,那么新生代员工的工作不仅有意义而且还富有价值,因此,相同的价值观有益于将工作转变为有价值的活动。如果新生代员工对组织有情感上的依赖,产生非功利、非物质的认可,那么就表示新生代员工已经认同和融入组织中了。那些刚刚进入企业的员工,对于自己的发展机会特别重视,即使报酬并不是特别高,但是如果公司的文化得到他们的认可,他们也会认为工作很有意

义,也会增强他们在工作中的心理资本。有研究发现,组织社会化内容的学习可以促进自我效能感(掌握经验、学习、社会说服、身体唤醒)(Bandura,1989),还可以给予新生代员工反馈、角色模范和观察学习的机会。这些学习可以帮助新生代员工增强他们对成功和完成任务的信念,还可以帮助新生代员工发展希望和乐观这两个心理资本维度。根据 Wanous 和 Reichers(2001)的研究,针对新生代员工的培训可以教给他们相应的技能,来解决工作压力。综上所述,新生代员工的组织社会化程度与心理资本呈正相关关系。

也有学者对个人资源对员工工作行为的影响进行了研究,主要是研究员工的行为和态度,从这些研究中可以看出,积极的心理资源和工作投入之间的正向关系。比如,Rothmann 和 Storm(2003)做了一个横截面数据的研究,通过 1910 个南非警察样本,发现工作投入的警员具有更主动的压力应对方式。这类警员属于问题导向型员工,用主动的行为来解决或者调整工作中的压力。另外,Xanthopoulou、Bakker 和 Demerouti 等(2007)在对荷兰高级技术人员的研究中发现,三种个人资源(自我效能感、组织自尊、乐观)可以预测工作投入。研究结果表明,工作投入的员工具有更高的自我效能感,相信他们在其他环境中,也可以应对工作压力。另外,工作投入的员工相信他们的生活中遇到的大都是好事情(乐观),并且相信可以通过组织中的角色来满足他们的需求(组织自尊)(Mauno et al,2007)。这些发现被一个长达两年的研究所再现(Xanthopoulou,Bakker,Demerouti et al,2009)。该研究发现,在控制时间、工作资源和最初水平工作投入的情况下,自我效能感、组织自尊和乐观对员工长期的工作投入起到了重要的作用,甚至超过了工作资源的作用。另外,Bakker、Gierveld 和 Van Rijswijk(2006)以女子学校校长为样本,发现那些具有更高个人资源的校长更容易工作投入,特别是韧性、自我效能感和乐观等个人资源,更能促进工作投入,即使除去团队成员和同事的社会支持、发展的机会和伴侣的社会支持等因素的影响,心理资本也能够单独解释工作投入的变化。因此,心理资本是另一种可以促进工作投入的个人资源。基于以上分析,有如下假设:

H2:新生代员工的心理资本在组织社会化和工作投入之间起到了中介作用。

三、领导心理资本与新生代员工组织社会化、心理资本和工作投入的关系

组织社会化与心理资本都是组织行为学研究的重要概念,它们的关系会受到领导力的影响吗?目前,对这一问题的研究极少。领导的积极性作为一种工作资源,有以下作用:减少与社会和心理成本相关的工作要求;促进工作任务的完成;促进个人的成长、学习和发展(Bakker,Demerouti,2007;Schaufeli,Bakker,2006)。以往的研究表明,工作资源与工作投入呈正相关关系,比如来自同事和领导的社会支持、绩效反馈、技能多样化、自主行为和学习机会都与工作投入有着积极的联系(Bakker,Demerouti,2008;Halbesleben,2010;Schaufeli,Salanova,2007)。对一些

结构方程模型的分析发现这种双面的交互影响在数据上的显著性达到了 78%。特别是,领导支持、创造性、欣赏和组织氛围都是对员工很重要的工作资源,可以帮助他们应付工作中遇到的问题,更加投入地工作。

在我国,领导被视为一种宽泛意义上的组织代言人,对领导的服从和尊重是团队或者组织成员对组织规范所达成的一种共识(O'Reilly,Chatman,Caldwell,1991)。因此,在不同水平的领导心理资本下,组织社会化下的员工表现出的工作投入也会有所不同。高水平的领导心理资本会带来一些有效的社会网络与组织支持感,包括积极的、建设性的反馈,社会认同与关注等。新生代员工在高水平领导心理资本下,更容易在情感和认知上认同组织的目标和规则,将自我目标和组织目标牢牢地联系在一起。因此,高水平的领导心理资本会促使组织社会化中的新生代员工产生更高水平的心理资本和工作投入。

与此相反,一个缺乏组织支持感的环境也会抑制组织社会化对新生代员工心理资本和工作投入的积极影响。例如,低水平的领导心理资本会导致领导在管理过程中频繁地对新生代员工进行批评,给予消极反馈,这样会导致员工对领导和组织的不信任,久而久之,这种消极性将降低员工的积极心理资本和工作投入水平,导致员工工作倦怠、疏离、士气低落。总而言之,这些发现清楚地表明,在员工组织社会化的过程中,领导的心理资本会变得更加显著并发挥它的潜在优势。

基于以上分析,有如下假设:

H3:领导心理资本在组织社会化和工作投入、员工心理资本和工作投入之间起到了积极的调节作用。当领导心理资本水平提高时,新生代员工的组织社会化和工作投入的正向关系得到了强化,新生代员工心理资本和工作投入的关系也得到了强化。

第三节　研究方法

上节提出了研究假设和概念模型,认为组织社会化能够通过影响员工的心理资本(包括希望、自我效能感、韧性、乐观四个维度)来促进员工全身心地投入工作,领导心理资本在组织社会化与工作投入、员工心理资本与工作投入关系中起到了调节作用。本节通过实证研究的问卷调查方式对研究提出的假设进行验证,目的是检验模型和假设。下面主要是从问卷设计、变量测量、数据收集和分析方法这几个方面入手,对新生代员工组织社会化对其心理资本、工作投入的影响作用进行探析。

一、问卷设计

为了既能筛选量表条目又能明确知道各条目的优势和劣势,同时也为了增加测试者对本次问卷调查的了解,首先要进行变量问卷的设计。此次实证研究的调查问卷总共包括三个主要变量,基于前人的实证研究与理论文献,本研究对三个变量的条目进行了确定,问卷调查由以下几个部分组成。

第一部分是填写问卷者的基本信息,其中包括职位、在目前单位的工作年限、工作性质、性别及学历等。

第二部分是组织社会化量表。组织社会化问卷主要参考了钱颖(2004)的四维度量表,四个维度分别是组织政治社会化、组织文化社会化、工作胜任社会化和人际关系社会化。其中包括6个公司文化条目、6个人际关系条目、6个公司政治条目和6个工作胜任条目,这些条目构成了组织社会化量表。问卷采取五级量表来测试,包括"非常同意""同意""不同意""非常不同意"和"不确定"。

第三部分是心理资本量表。本研究采用了Luthans(2005,2007)的心理资本问卷(PCQ-24),包括希望、乐观、自我效能感和韧性四个维度。在量表中,每6个条目构成一个维度。同时用五级量表进行测试,分别是"非常同意""同意""不同意""非常不同意"和"不确定"。

第四部分是工作投入量表。本研究采用Schaufeli等(2002)开发的UWES问卷共17道题目来测量工作投入,其中,活力包括6道题目,如"在工作中,我感到精力充沛"等;奉献包括5道题目,如"我为自己所从事的工作感到自豪"等;专注包括6道题目,如"我在工作时会达到忘我的境界"等。本量表采用五级量表进行测试,分别是"非常同意""同意""不同意""非常不同意"和"不确定"。

在问卷调查时,有些答卷者虽然知道一些问题的答案,但是不愿意将答案说出来,这对问卷调查造成了不利的影响,因此,本研究在问卷调查时就事先申明,本次问卷调查只是单纯作为学术研究使用,与被试的组织和工作没有任何关系,问卷结果也不会用于商业用途,对问卷者的信息绝对保密。

二、变量测度

本研究所涉及的变量有以下几种:

因变量:工作投入;

中介变量:员工心理资本;

调节变量:领导心理资本;

自变量:组织社会化;

控制变量:职位、工作年限、工作类型、性别,以及学历等。

组织社会化用四个维度进行考察:组织政治社会化、组织文化社会化、工作胜任社会化、人际关系社会化。

心理资本用四个维度考察:希望、乐观、自我效能感和韧性。

工作投入用三个维度来考察:活力、奉献和专注。

控制变量赋值:性别(1="男",2="女"),年龄(1="32岁及32岁以下",2="32~45岁(包括45岁)",3="45岁以上"),学历(1="高中、中专",2="大专",

3＝"大学本科"，4＝"研究生及研究生以上"），职位类别（1＝"基层员工"，2＝"基层管理者"），工作年限（1＝"没有工作经验"，2＝"1～2 年"，3＝"2～4 年"，4＝"4 年及 4 年以上"），工作类型（1＝"文职工作"，2＝"管理性工作"，3＝"技术性工作"，4＝"市场性工作"，5＝"其他工作"）。

三、数据收集

本研究采用随机抽样方法发放问卷，问卷对象包括团队领导、团队内的新生代员工和上一代员工。共给 70 个团队的 708 位员工发放了问卷，每个团队对应一名领导。发放问卷的组织包括国企和私企。私营医院发放问卷 25 组，共 202 位员工，收回 10 组，57 位员工。进出口公司发放问卷 2 组，共 14 位员工，收回 2 组，10 位员工。通信类公司发放问卷 29 组，共 376 位员工，收回 24 组，290 位员工。房产资讯公司发放问卷 14 组，共 116 位员工，收回 8 组，50 位员工。最后按照年龄的划分统计出 36 个团队，包含 36 位领导、234 位新生代员工和 173 位上一代员工。

四、分析方法

本研究以问卷调查的方式收集数据，对回收的问卷数据，进行了描述性统计、信度与效度检验、独立样本 T 检验与单因素方差分析、相关分析、多层次回归分析等统计分析工作。本研究所使用的统计分析软件为 SPSS 17.0 版和 HLM 6.08 版，其中 SPSS 17.0 软件用于描述性统计、方差分析和测度变量的信度及效度，HLM 6.08 软件则用于多层次回归分析，对提出的假设进行检验。

第四节　样本描述性统计

通过描述性统计，可以反映样本新生代员工组织社会化程度、工作投入和心理资本现状，并概括其主要特征。

一、新生代员工组织社会化量表项目描述性统计

新生代员工组织社会化描述性统计结果如表 4.1 所示。由表 4.1 可知，组织社会化所有项目的均值为 3.489。组织文化社会化、工作胜任社会化、人际关系社会化和组织政治社会化各维度所对应项目的均值分别为 3.48、3.68、3.56、3.21。可见，新生代员工对工作胜任社会化维度评价最高，其次是人际关系社会化维度和组织文化社会化维度，对组织政治社会化维度的评价最低。这反映出被调查企业新生代员工组织社会化的现状：重视人际关系社会化和工作胜任社会化，同时较轻视组织文化社会化和组织政治社会化。这种情况可能是因为企业组织社会化制度化程度不足，难以提供充分的组织政治社会化的支持。为了尽快适应并融入组织，同事特别是资深员工提供的信息显得至关重要。

表 4.1　　　　　　　新生代员工组织社会化描述性统计结果

变量	样本数量	极小值	极大值	均值	标准差
组织文化社会化	234	1.67	5.00	3.48	0.61211
工作胜任社会化	234	2.14	5.00	3.68	0.40732
人际关系社会化	234	2.20	4.80	3.56	0.42108
组织政治社会化	234	1.50	4.67	3.21	0.51076
有效的样本数量	234	—	—	—	—

二、新生代员工心理资本量表项目描述性统计

新生代员工心理资本描述性统计结果如表 4.2 所示。由表 4.2 可知,心理资本量表所有项目的均值为 3.595,自我效能感、希望、韧性和乐观各维度评价所对应项目的均值分别为 3.64、3.63、3.71、3.40。可见,新生代员工对其个人心理资本的韧性、自我效能感和希望三个维度的评价较高,对乐观这个维度的评价较低。这种情况可能是因为新生代员工面临的就业形势较为严峻,对自己的前途和未来比较迷茫。

表 4.2　　　　　　　新生代员工心理资本描述性统计结果

变量	样本数量	极小值	极大值	均值	标准差
自我效能感	234	2.17	5.00	3.64	0.50787
希望	234	2.17	5.00	3.63	0.53248
韧性	234	2.00	5.00	3.71	0.50482
乐观	234	1.33	4.50	3.40	0.45688
有效的样本数量	234	—	—	—	—

三、新生代员工工作投入量表项目描述性统计

新生代员工工作投入描述性统计结果如表 4.3 所示。由表 4.3 可知,员工工作投入所有项目的均值为 3.395,活力、奉献和专注的各维度评价所对应项目的均值分别为 3.337、3.343 和 3.517。也就是说新生代员工在工作状态中对专注这个维度的评价最高,而对活力和奉献这两个维度的评价较低。这种情况也与本书文献综述部分一致,新生代员工与上一代员工存在差异,他们对组织的忠诚度较低。

表 4.3　　　　　　　　　　新生代员工工作投入描述性统计结果

变量	样本数量	极小值	极大值	均值	标准差
活力	234	1.00	5.00	3.337	0.64658
奉献	234	1.00	5.00	3.343	0.83686
专注	234	1.60	5.00	3.517	0.66081
有效的样本数量	234	—	—	—	—

第五节　不同人口学、组织学特征变量的差异研究

中国的经济发展正处于转型时期,由于经济发展的不平衡使得人们在价值观上出现了很大的差异,具有不同人口学、组织学特征的员工对组织社会化、心理资本、工作投入的理解不同,因此本阶段的研究首先探讨新生代员工与上一代员工在组织社会化、工作投入和心理资本上的差异,然后进一步探讨新生代员工的不同工作类型、不同职位、不同学历等因素对工作投入、组织社会化及心理资本等方面的影响。如果能够将人口学、组织学特征变量对工作投入、心理资本及组织社会化产生的不同影响进行识别,那么研究者和管理者对新生代员工工作投入、组织社会化及心理资本就会有更全面的了解,有助于提高新生代员工的心理资本、新生代员工的工作效率,也有助于管理者将组织社会化的策略付诸实践,提高新生代员工组织社会化的积极影响。

一、新生代员工与上一代员工在组织社会化、工作投入和心理资本水平上的差异

新生代员工走上工作岗位意味着组织中有几代人在一起工作,这使得企业出现了管理方式上的差异。新生代员工与上一代员工在对待生活和工作的态度和行为方面存在着很大的差异(Rowh,2007)。因此本书首先对新生代员工和上一代员工在组织社会化、工作投入和心理资本各个维度上的差异进行了独立样本 T 检验。新生代员工是指 1980 年及以后出生的员工,上一代员工是指 1980 年之前出生的员工。由表 4.4 可知,在组织社会化的各个维度上,新生代员工在组织文化社会化、人际关系社会化两个维度上与上一代员工有着非常显著的差异,在工作胜任社会化和组织政治社会化上有着显著的差异。在工作投入的各个维度上,新生代员工在奉献和专注两个维度上与上一代员工存在非常显著的差异,二者在活力维度上也存在显著的差异。在心理资本的四个维度上,新生代员工和上一代员工在自我效能感、希望和韧性三个维度上有着非常显著的差异,在乐观维度上有着显著的差异。综上所述,新生代员工在组织社会化、工作投入和心理资本这三个变量上都与上一代员工有着显著的差异,因此,将新生代员工与其他员工分开来,单独进

行组织社会化及心理资本、工作投入的研究非常有必要。

表 4.4   新生代员工与上一代员工在组织社会化、工作投入和心理资本上的差异统计结果

变量	维度	员工类型	样本数量	均值	标准差	F	显著性
组织社会化	组织文化社会化	新生代员工	234	3.480	0.612	2.546	0.000
		上一代员工	173	3.503	0.300		
	工作胜任社会化	新生代员工	234	3.680	0.407	1.794	0.019
		上一代员工	173	3.586	0.286		
	人际关系社会化	新生代员工	234	3.562	0.421	2.000	0.007
		上一代员工	173	3.521	0.358		
	组织政治社会化	新生代员工	234	3.212	0.510	1.673	0.034
		上一代员工	173	3.192	0.385		
工作投入	活力	新生代员工	234	3.337	0.646	1.780	0.020
		上一代员工	173	3.417	0.685		
	奉献	新生代员工	234	3.343	0.836	3.032	0.000
		上一代员工	173	3.523	0.685		
	专注	新生代员工	234	3.517	0.661	2.200	0.002
		上一代员工	173	3.445	0.584		
心理资本	自我效能感	新生代员工	234	3.639	0.507	3.934	0.000
		上一代员工	173	3.435	0.568		
	希望	新生代员工	234	3.632	0.532	2.606	0.000
		上一代员工	173	3.538	0.269		
	韧性	新生代员工	234	3.707	0.504	2.038	0.005
		上一代员工	173	3.567	0.257		
	乐观	新生代员工	234	3.400	0.456	1.597	0.049
		上一代员工	173	3.365	0.198		

注：F 表示方差分析中两个均方的比值，下表同。

二、不同人口学、组织学特征变量在组织社会化上的差异

由于组织社会化对每个新生代员工的影响都是不同的，因此本研究考察了不同工作类型、不同职位、不同学历的员工在组织社会化各个维度上的均值，进行独立样本 T 检验。由表 4.5 可知，在组织文化社会化维度上，不同的工作类型有显著的差异。

表 4.5　　　　**不同工作类型的新生代员工组织社会化的差异统计结果**

变量	工作类型	样本数量	均值	标准差	F	显著性
组织文化社会化	文职工作	23	2.996	0.785	4.065	0.001
	管理性工作	10	2.865	0.698		
	技术性工作	112	2.876	0.654		
	市场性工作	23	2.965	0.546		
	其他工作	66	3.105	0.854		
工作胜任社会化	文职工作	23	3.564	0.501	0.701	0.623
	管理性工作	10	3.854	0.572		
	技术性工作	112	3.659	0.563		
	市场性工作	23	3.541	0.567		
	其他工作	66	3.253	0.568		
人际关系社会化	文职工作	23	3.606	0.658	0.374	0.235
	管理性工作	10	3.965	0.501		
	技术性工作	112	3.456	0.563		
	市场性工作	23	3.875	0.568		
	其他工作	66	3.856	0.572		
组织政治社会化	文职工作	23	3.591	0.733	0.203	0.961
	管理性工作	10	3.105	0.734		
	技术性工作	112	3.562	0.687		
	市场性工作	23	3.105	0.789		
	其他工作	66	3.152	0.685		

　　考虑到新生代员工在组织中的职位差异,因此在本研究的调查问卷中,将新生代员工的职位分为两类:基层员工和基层管理者,分别赋值为 1、2。对不同职位的员工在组织社会化行为各个维度上的均值进行独立样本 T 检验和单因素方差分析。表 4.6 的统计结果表明:不同职位的新生代员工在组织社会化的各个维度上都不存在显著的差异。

表 4.6　　　　**不同职位的新生代员工组织社会化的差异统计结果**

变量	职位类型	样本数量	均值	标准差	F	显著性
组织文化社会化	基层员工	220	3.125	0.546	0.204	0.302
	基层管理者	14	3.562	0.532		
工作胜任社会化	基层员工	220	3.542	0.653	0.628	0.534
	基层管理者	14	3.654	0.633		
人际关系社会化	基层员工	220	3.425	0.754	0.251	0.778
	基层管理者	14	3.536	0.745		
组织政治社会化	基层员工	220	3.245	0.723	0.037	0.964
	基层管理者	14	3.613	0.304	1.809	0.180

　　考虑到新生代员工的受教育程度不同,因此在本研究的调查问卷中,将新生代员工的学历分为四类:高中、中专,大专,大学本科,研究生及研究生以上,分别赋值为1、2、3、4。对不同学历的员工在组织社会化各个维度上的均值进行独立样本 T 检验和单因素方差分析。由表 4.7 可知,不同学历的新生代员工在组织社会化的各个维度上都不存在显著的差异。

表 4.7　　　　**不同学历的新生代员工组织社会化的差异统计结果**

变量	学历类型	样本数量	均值	标准差	F	显著性
组织文化社会化	高中、中专	2	3.228	0.586	1.964	0.085
	大专	63	3.356	0.845		
	大学本科	90	3.546	0.732		
	研究生及研究生以上	79	3.563	0.712		
工作胜任社会化	高中、中专	2	3.462	0.632	0.555	0.734
	大专	63	3.567	0.654		
	大学本科	90	3.657	0.712		
	研究生及研究生以上	79	3.659	0.653		
人际关系社会化	高中、中专	2	3.542	0.712	0.314	0.259
	大专	63	3.412	0.723		
	大学本科	90	3.532	0.712		
	研究生及研究生以上	79	3.562	0.723		
组织政治社会化	高中、中专	2	3.245	0.723	0.751	0.586
	大专	63	3.325	0.725		
	大学本科	90	3.425	0.714		
	研究生及研究生以上	79	3.512	0.723		

三、不同人口学、组织学特征变量在工作投入上的差异

在本研究的调查问卷中，将新生代员工的工作类型分为五类：文职工作、管理性工作、技术性工作、市场性工作、其他工作，分别赋值为1、2、3、4、5。对不同工作类型的员工在工作投入各个维度上的均值进行独立样本T检验和单因素方差分析。由表4.8可知，不同工作类型的员工在工作投入的各个维度上都不存在显著的差异。

表4.8　　　　不同工作类型的新生代员工工作投入的差异统计结果

变量	工作类型	样本数量	均值	标准差	F	显著性
活力	文职工作	23	2.228	0.692	0.500	0.776
	管理性工作	10	2.233	0.963		
	技术性工作	112	2.432	0.822		
	市场性工作	23	2.635	0.856		
	其他工作	66	3.105	0.854		
奉献	文职工作	23	3.116	0.883	0.542	0.178
	管理性工作	10	3.098	0.670		
	技术性工作	112	3.515	0.462		
	市场性工作	23	3.420	0.429		
	其他工作	66	3.458	0.521		
专注	文职工作	23	3.468	0.656	1.468	0.201
	管理性工作	10	2.983	0.398		
	技术性工作	112	3.397	0.695		
	市场性工作	23	3.436	0.479		
	其他工作	66	3.800	0.517		

在本研究的调查问卷中，将新生代员工的学历分为四类：高中、中专，大专，大学本科，研究生及研究生以上，分别赋值为1、2、3、4。对不同学历的新生代员工在工作投入各个维度上的均值进行独立样本T检验和单因素方差分析。由表4.9可知，不同工作类型的员工在工作投入的各个维度上都不存在显著的差异。

考虑到样本中新生代员工的工作覆盖不同的部门和工作类型，员工的入职时间都不长，因此在本研究的调查问卷中，将员工职位分为两类：基层员工和基层管理者，分别赋值为1、2。对不同职位的新生代员工在工作投入的各个维度上的均值进行独立样本T检验和单因素方差分析。由表4.10可知，不同职位的员工在工作投入的各个维度上都不存在显著的差异。

表4.9   不同学历的新生代员工工作投入的差异统计结果

变量	学历类型	样本数量	均值	标准差	F	显著性
活力	高中、中专	2	3.364	0.536	0.594	0.705
	大专	63	2.963	0.576		
	大学本科	90	3.041	0.428		
	研究生及研究生以上	79	3.100	0.365		
奉献	高中、中专	2	3.520	0.576	0.451	0.813
	大专	63	3.946	0.341		
	大学本科	90	3.977	0.504		
	研究生及研究生以上	79	4.040	0.203		
专注	高中、中专	2	3.840	0.689	0.753	0.585
	大专	63	3.412	0.718		
	大学本科	90	3.857	0.563		
	研究生及研究生以上	79	3.600	0.389		

表4.10   不同职位的新生代员工工作投入的差异统计结果

	职位类型	样本数量	均值	标准差	F	显著性
活力	基层员工	220	3.366	0.383	0.033	0.968
	基层管理者	14	2.976	0.320		
奉献	基层员工	220	3.666	0.842	0.754	0.472
	基层管理者	14	3.333	0.695		
专注	基层员工	220	3.047	0.547	0.380	0.684
	基层管理者	14	3.031	0.565		

四、不同人口学、组织学特征变量在心理资本上的差异

在本研究的调查问卷中,将新生代员工的学历分为四类:高中、中专,大专,大学本科,研究生及研究生以上,分别赋值为1、2、3、4。对不同学历的新生代员工在心理资本各个维度上的均值进行独立样本 T 检验和单因素方差分析。由表4.11可知,不同工作类型的员工在心理资本的自我效能感这个维度上有显著的差异,在其他维度上都不存在显著的差异。

考虑到样本中新生代员工的工作覆盖不同的部门和工作类型,员工的入职时间都不长,因此在本研究的调查问卷中,将员工职位分为两类:基层员工和基层管理者,分别赋值为1、2。由表4.12可知,不同职位的员工在心理资本的自我效能感

这个维度上有显著的差异,在其他维度上都不存在显著的差异。

表 4.11　　　　　不同学历的新生代员工心理资本的差异统计结果

变量	学历类型	样本数量	均值	标准差	F	显著性
自我效能感	高中、中专	2	3.166	0.430	3.733	0.003
	大专	63	3.383	0.572		
	大学本科	90	4.208	0.650		
	研究生及研究生以上	79	3.512	0.509		
希望	高中、中专	2	3.604	0.279	1.352	0.243
	大专	63	3.800	0.478		
	大学本科	90	3.533	0.698		
	研究生及研究生以上	79	3.478	0.478		
韧性	高中、中专	2	3.357	0.430	0.621	0.684
	大专	63	3.138	0.243		
	大学本科	90	3.166	0.405		
	研究生及研究生以上	79	3.375	0.566		
乐观	高中、中专	2	3.166	0.342	0.922	0.467
	大专	63	3.344	0.593		
	大学本科	90	3.476	0.572		
	研究生及研究生以上	79	3.322	0.560		

表 4.12　　　　　不同职位的新生代员工心理资本的差异统计结果

变量	工作类型	样本数量	均值	标准差	F	显著性
自我效能感	基层员工	220	3.478	0.847	3.097	0.047
	基层管理者	14	4.165	0.369		
希望	基层员工	220	3.555	0.467	0.715	0.490
	基层管理者	14	3.655	0.643		
韧性	基层员工	220	3.462	0.320	1.877	0.155
	基层管理者	14	3.548	0.430		
乐观	基层员工	220	3.533	0.616	0.391	0.677
	基层管理者	14	3.614	0.360		

　　在本研究的调查问卷中,将新生代员工的工作类型分为五类:文职工作、管理性工作、技术性工作、市场性工作、其他工作,分别赋值为 1、2、3、4、5。对不同工

类型的员工在心理资本各个维度上的均值进行独立样本 T 检验和单因素方差分析。由表 4.13 可知,不同工作类型的员工在心理资本的自我效能感这个维度上有显著的差异,在其他维度上都不存在显著的差异。

表 4.13　　　　**不同工作类型的新生代员工心理资本的差异统计结果**

变量	工作类型	样本数量	均值	标准差	F	显著性
自我效能感	文职工作	23	3.621	0.503	4.550	0.001
	管理性工作	10	3.305	0.526		
	技术性工作	112	3.604	0.505		
	市场性工作	23	3.592	0.314		
	其他工作	66	3.875	0.382		
希望	文职工作	23	3.611	0.501	1.146	0.337
	管理性工作	10	3.383	0.542		
	技术性工作	112	3.562	0.682		
	市场性工作	23	3.683	0.497		
	其他工作	66	3.796	0.389		
韧性	文职工作	23	3.875	0.297	2.074	0.070
	管理性工作	10	3.965	0.501		
	技术性工作	112	3.456	0.563		
	市场性工作	23	3.875	0.568		
	其他工作	66	3.856	0.572		
乐观	文职工作	23	3.591	0.733	0.660	0.654
	管理性工作	10	3.105	0.734		
	技术性工作	112	3.562	0.687		
	市场性工作	23	3.105	0.789		
	其他工作	66	3.152	0.685		

第六节　结果分析与讨论

一、样本的特征分析

如表 4.14 所示,在有效的新生代员工问卷中,女性占 46.2%,男性占 53.8%;高中、中专学历的占 0 员工占 94%,基层管理者占 6%;没有工作经验的占 3.4%,1~2 年工作年限的占 19.7%,2~4 年工作年限的占 45.7%,4 年以上工作年限的占 31.2%；从事文职工作的占 9.8%，从事管理性工作的占 4.3%，从事技术性工作的占 47.9%，从事市场工作的占 9.8%，从事其他工作的占 28.2%。

表 4.14   **新生代员工调查样本特征分析**

变量		频率	百分比
性别	男	126	53.8%
	女	108	46.2%
学历	高中、中专	2	0.8%
	大专	63	26.9%
	大学本科	90	38.5%
	研究生及以上	79	43.7%
职位	基层员工	220	94%
	基层管理者	14	6%
工作年限	没有工作经验	8	3.4%
	1～2 年	46	19.7%
	2～4 年	107	45.7%
	4 年及 4 年以上	73	31.2%
工作类型	文职工作	23	9.8%
	管理性工作	10	4.3%
	技术性工作	112	47.9%
	市场性工作	23	9.8%
	其他工作	66	28.2%

二、量表的信度分析

1. 新生代员工组织社会化量表信度分析

组织社会化量表包含四个维度，共 24 个项目的信度分析结果（表 4.15）。组织社会化策略四个维度的信度系数分别为 0.971、0.818、0.820、0.823，均超过 0.80，最低值 0.818，最高值 0.971，说明组织社会化量表的信度是可接受的，量表的可靠性较高。

总的来看，这 24 个项目的总体信度系数达到了 0.858，表明组织社会化量表对变化的解释能力为 85.80%，总体上符合心理测量学的要求，具有较高的信度，说明该量表对组织社会化策略变量的测量是合理可靠的。

表 4.15 新生代员工组织社会化量表信度分析结果

量表维度和项目	单项信度	概念维度信度
组织文化		0.971
我了解公司创建和发展的历史	0.790	
我了解公司的性质、业务及发展前景	0.802	
我了解公司以往发生过的重大事件	0.795	
我知道公司长久保持的传统	0.805	
我知道公司的一些重要日子	0.798	
我清楚公司制定的政策与规章制度	0.865	
工作胜任		0.818
我知道如何有效率地完成自己的工作	0.808	
我掌握了完成工作所需要的技能技巧	0.813	
我理解自己所在部门的工作职责	0.815	
我了解公司中的一些行话及常用语所代表的特定含义	0.812	
我尚未发展出适当的技能来完成我的工作	0.815	
我了解部门与公司的目标	0.809	
我拥有完成工作所需要的资源	0.856	
人际关系		0.820
我与公司同事关系融洽	0.789	
我在公司里比较受欢迎	0.856	
我所在公司的同事愿意提出建设性意见	0.845	
我把同事当成自己的朋友	0.798	
我很少参与工作以外的同事聚会和活动	0.813	
组织政治		0.823
我了解公司各领导所代表的利益	0.897	
我了解公司中的某些"潜规则"	0.813	
我了解谁是公司最有影响力的人	0.815	
我了解公司中其他同事的行为动机	0.802	
我能辨别要完成的事情以及谁是公司中最重要的人	0.805	
我不太了解公司中的政治活动	0.808	

2.新生代员工工作投入量表信度分析

工作投入量表包含三个维度,共 16 个项目的信度分析结果(表 4.16)。工作投入三个维度的信度系数分别为 0.805、0.908、0.817,均超过 0.80,最低值 0.805,最高值 0.908,说明工作投入量表的信度是可接受的,量表的可靠性较高。

总的来看,这 16 个项目的总体信度系数达到了 0.843,表明工作投入量表对变化的解释能力为 84.3%,总体上符合心理测量学的要求,具有较高的信度,说明该量表对工作投入行为变量的测量是合理可靠的。

表 4.16　　　　　　　**新生代员工工作投入量表信度分析结果**

量表维度和项目	单项信度	概念维度信度
活力		0.805
工作时,我觉得干劲十足	0.723	
即使工作进展不顺利,我也不会灰心丧气	0.854	
早上起床时,我很乐意去上班	0.798	
工作时,我感到精力充沛	0.802	
工作时,我的心情非常开朗	0.789	
我能持续工作很长时间,中间不需要假期休息	0.865	
奉献		0.908
我为自己所从事的工作感到骄傲	0.892	
我觉得我所从事的工作非常有意义	0.902	
我所做的工作能够激励我	0.954	
我对自己的工作非常热衷	0.901	
对我而言,工作具有挑战性	0.895	
专注		0.817
当我工作时,满脑子就只有工作	0.845	
当我工作时,时间总是不知不觉就过去了	0.785	
当我工作时,心中只想着工作	0.856	
让我放下手中的工作是件很困难的事情	0.805	
当我全身心投入工作时,我感到快乐	0.796	

3.新生代员工心理资本量表信度分析

心理资本量表包含四个维度,共 24 个项目的信度分析结果(表 4.17)。心理资本四个维度的信度系数分别为 0.845、0.839、0.884、0.825,均超过 0.80,说明心理资本量表的信度是可接受的,量表的可靠性较高。

总的来看,这 24 个项目的总体信度系数达到了 0.848,表明心理资本量表对变化的解释能力为 84.8%,总体上符合心理测量学的要求,具有较高的信度,说明该量表对员工心理资本变量的测量是合理可靠的。

表 4.17　　　　　　　**新生代员工心理资本量表信度分析结果**

量表维度和项目	单项信度	概念维度信度
自我效能感		0.845
我相信自己能分析长远的问题，并找到解决方案	0.905	
与管理层开会时，在陈述自己工作范围之内的事情方面我很自信	0.859	
我相信自己对公司战略的讨论有贡献	0.879	
在我的工作范围内，我相信我能够帮助自己设定目标	0.814	
我相信自己能够与公司外部的人（比如供应商、客户）联系，并讨论问题	0.805	
我相信自己能够向一群同事陈述信息	0.805	
希望		0.839
如果我发现自己在工作中陷入了困境，我能想出很多办法从困境中摆脱出来	0.904	
目前，我正精神饱满地朝着自己的工作目标努力	0.845	
我相信任何问题都有很多解决方法	0.812	
眼下，我认为自己在工作上相当成功	0.832	
我能想出很多办法来实现我目前的工作目标	0.801	
目前，我正在实现我为自己设定的工作目标	0.805	
韧性		0.884
在工作中遇到挫折时，我很难从中恢复过来，并继续前进	0.856	
在工作中，我无论如何都会去解决遇到的难题	0.789	
可以说，我能够独立应对工作中非做不可的事情	0.954	
我通常对工作中的压力能泰然处之	0.923	
因为以前经历过很多磨难，所以我现在能挺过工作上的困难时期	0.905	
在我目前的工作中，我感觉自己能同时处理很多事情	0.875	
乐观		0.825
在工作中，当遇到不确定的事情时，我通常会做最好的估计	0.865	
如果某件事情会出错，即使我明智地工作，它也会出错	0.865	
对自己的工作，我总是看到事情光明的一面	0.847	
对我的工作未来会发生什么，我是乐观的	0.754	
在我目前的工作中，事情从来没有像我希望的那样发展	0.805	
工作时，我总相信"黑暗的背后就是光明，不用悲观"	0.814	

4. 领导心理资本量表信度分析

心理资本量表包含四个维度,共 24 个项目的信度分析结果(表 4.18)。心理资本四个维度的信度系数分别为 0.862、0.829、0.876、0.827,均超过 0.80,说明心理资本量表的信度是可接受的,量表的可靠性较高。

总的来看,这 24 个项目的总体信度系数达到 0.849,表明心理资本量表对变化的解释能力为 84.9%,总体上符合心理测量学的要求,具有较高的信度,说明该量表对员工心理资本变量的测量是合理可靠的。

表 4.18　　　　　　　　　　**领导心理资本量表信度分析结果**

量表维度和项目	单项信度	概念维度信度
自我效能感		0.862
我相信自己能分析长远的问题,并找到解决方案	0.956	
与管理层开会时,在陈述自己工作范围之内的事情方面我很自信	0.854	
我相信自己对公司战略的讨论有贡献	0.806	
在我的工作范围内,我相信我能够帮助自己设定目标	0.854	
我相信自己能够与公司外部的人(比如,供应商,客户)联系,并讨论问题	0.814	
我相信自己能够同一群同事陈述信息	0.886	
希望		0.829
如果我发现自己在工作中陷入了困境,我能想出很多办法从困境中摆脱出来	0.863	
目前,我正精神饱满地朝着自己的工作目标努力	0.824	
我相信任何问题都有很多解决方法	0.845	
眼下,我认为自己在工作上相当成功	0.814	
我能想出很多办法来实现我目前的工作目标	0.801	
目前,我正在实现我为自己设定的工作目标	0.805	
韧性		0.876
在工作中遇到挫折时,我很难从中恢复过来,并继续前进	0.845	
在工作中,我无论如何都会去解决遇到的难题	0.954	
可以说,我能够独立应对工作中非做不可的事情	0.904	
我通常对工作中的压力能泰然处之	0.912	
因为以前经历过很多磨难,所以我现在能挺过工作上的困难时期	0.814	
在我目前的工作中,我感觉自己能同时处理很多事情	0.825	
乐观		0.827
在工作中,当遇到不确定的事情时,我通常会做最好的估计	0.856	

续表

量表维度和项目	单项信度	概念维度信度
如果某件事情会出错,即使我明智地工作,它也会出错	0.804	
对自己的工作,我总是看到事情光明的一面	0.836	
对我的工作未来会发生什么,我是乐观的	0.798	
在我目前的工作中,事情从来没有像我希望的那样发展	0.852	
工作时,我总相信"黑暗的背后就是光明,不用悲观"	0.814	

三、量表的效度分析

1. 新生代员工组织社会化量表因子分析

本研究结合 KMO 检验和 Bartlett 球度检验技术,对新生代员工组织社会化的所有项目进行了检验,结果表明 KMO 值为 0.854。按照统计学的标准,KMO 值在 0.6 以上就可以进行因子分析。Bartlett 球度检验得出的相伴概率为 0,该值远远低于显著水平 0.05,也表明可以做因子分析。

新生代员工组织社会化 24 个项目的因子分析的结果表明,其中共有 4 个公因子载荷系数在 0.5 以上。因子 1 表示组织文化的社会化维度,因子 2 表示工作胜任的社会化维度,因子 3 表示组织人际关系的社会化维度,因子 4 表示组织政治的社会化维度。因子分析的结果还表示,4 个因子对于组织社会化策略的方差累计解释达到了 64.056%,表明量表对于所测量的概念具有较强的解释力(表 4.19);同时,钱颖(2004)提出的四个维度内容理论框架中对组织社会化变量概念的分类与本研究的因子分析中所提取的因子一致,说明本研究的因子分析所得到的因子与问卷中的测试项目是一致的,故可以认为量表的效度是可以接受的。

2. 新生代员工心理资本量表因子分析

新生代员工心理资本 24 个项目的 KMO 检验和 Bartlett 球度检验结果显示,KMO 值为 0.763,Bartlett 球度检验得出的相伴概率为 0,远远低于显著水平 0.05,适合做因子分析。

新生代员工心理资本的 24 个项目因子分析的结果表明,在 4 个公因子上都有大于 0.5 的载荷系数,说明这四个维度是不同的心理资本维度,样本数据的结果很好地反映了四个维度的独立性。因子 1 反映了自我效能感维度,因子 2 反映了希望维度,因子 3 反映了韧性维度,因子 4 反映了乐观维度。因子分析的结果还表示,4 个因子对于心理资本的方差累计解释达到了 70.559%,表明量表对于所测量的概念具有较强的解释力(表 4.20);同时,Luthans(2002)理论框架中对心理资本概念的分类与本研究的因子分析中所提取的因子一致,说明本研究的因子分析所得到的因子与问卷中的测试项目是一致的,故可以认为量表的效度是可以接受的。

表 4.19　　　　　　　　**新生代员工组织社会化量表因子分析**

量表项目和指标变量	成分			
	组织文化	工作胜任	人际关系	组织政治
C1	0.854			
C2	0.765			
C3	0.823			
C4	0.835			
C5	0.812			
C6	0.847			
C7		0.724		
C8		0.692		
C9		0.657		
C10		0.727		
C11		0.618		
C12		0.765		
C13			0.952	
C14			0.732	
C15			0.603	
C16			0.559	
C17			0.765	
C18			0.851	
C19				0.852
C20				0.753
C21				0.841
C22				0.603
C23				0.559
C24				0.762
初始特征根值	4.512	3.652	2.568	1.453
解释方差的百分比	25.583%	18.564%	10.256%	9.653%
累积解释的方差	25.583	44.147	54.403	64.056

注:提取方法为主成分分析法;旋转法为具有 KAISER 标准化的正交旋转法,旋转在 6 次迭代后收敛。

表 4.20 　　　　　　　　　新生代员工心理资本量表因子分析

量表项目和指标变量	成分			
	自我效能感	希望	韧性	乐观
F1	0.803			
F2	0.781			
F3	0.599			
F4	0.568			
F5	0.751			
F6	0.665			
F7		0.716		
F8		0.665		
F9		0.644		
F10		0.665		
F11		0.631		
F12		0.702		
F13			0.674	
F14			0.852	
F15			0.620	
F16			0.625	
F17			0.685	
F18			0.640	
F19				0.675
F20				0.572
F21				0.682
F22				0.842
F23				0.682
F24				0.684
初始特征根值	4.562	3.632	2.709	1.352
解释方差的百分比	24.225%	21.356%	12.415%	12.563%
累积解释的方差	24.225	45.581	57.996	70.559

注:提取方法为主成分分析法;旋转法为具有 KAISER 标准化的正交旋转法,旋转在 5 次迭代后收敛。

3.新生代员工工作投入量表因子分析

工作投入16个项目的 KMO 检验和 Bartlett 球度检验结果显示,KMO 值为0.843,球度检验得出的相伴概率为0,远远低于显著水平0.05,适合做因子分析。

工作投入16个项目的因子分析的结果表明,在3个公因子上都有大于0.5的载荷系数,说明这三个维度是不同的工作投入维度,样本数据的结果很好地反映了三个维度的独立性。因子1反映了活力维度,因子2反映了奉献维度,因子3反映了专注维度。因子分析的结果还表示,3个因子对于工作投入的方差累计解释达到了71.125%,表明量表对于所测量的概念具有较强的解释力(表4.21);同时,Schaufeli 等(2002)提出的理论框架中对于工作投入的分类与本研究的因子分析中所提取的因子一致,说明因子分析所得到的因子与问卷中的测试项目是一致的,故可以认为量表的效度是可以接受的。

表 4.21　　　　　　　　　　**新生代员工工作投入量表因子分析**

量表项目和指标变量	成分		
	活力	奉献	专注
N1	0.856		
N2	0.982		
N3	0.961		
N4	0.842		
N5	0.863		
N6	0.654		
N7		0.904	
N8		0.862	
N9		0.874	
N10		0.824	
N11		0.747	
N12			0.752
N13			0.747
N14			0.705
N15			0.726
N16			0.869
初始特征根值	3.689	2.564	1.534
解释方差的百分比	31.563%	25.324%	14.238%
累积解释的方差	31.563	56.887	71.125

注:提取方法为主成分分析法;旋转法为具有 KAISER 标准化的正交旋转法,旋转在6次迭代后收敛。

4.领导心理资本量表因子分析

领导心理资本 24 个项目的 KMO 检验和 Bartlett 球度检验结果显示,KMO 值为 0.563,Bartlett 球度检验得出的相伴概率为 0,远远低于显著水平 0.05,适合做因子分析。

领导心理资本 24 个项目的因子分析的结果表明,在 4 个公因子上都有大于 0.5的载荷系数,说明这四个维度是不同的心理资本维度,样本数据的结果很好地反映了四个维度的独立性。因子 1 反映了自我效能感维度,因子 2 反映了希望维度,因子 3 反映了韧性维度,因子 4 反映了乐观维度,因子分析的结果还表示,4 个因子对于心理资本的方差累计解释达到 70.559%,表明量表对于所测量的概念具有较强的解释力(表 4.22);同时,Luthans(2002)理论框架中对心理资本概念的分类与本研究的因子分析中所提取的因子一致,说明因子分析所得到的因子与问卷中的测试项目是一致的,故可以认为量表的效度是可以接受的。

表 4.22 　　　　　　　　　　　**领导心理资本量表因子分析**

量表项目和指标变量	成分			
	自我效能感	希望	韧性	乐观
F1	0.803			
F2	0.781			
F3	0.599			
F4	0.568			
F5	0.751			
F6	0.665			
F7		0.716		
F8		0.665		
F9		0.644		
F10		0.665		
F11		0.631		
F12		0.702		
F13			0.674	
F14			0.852	
F15			0.620	
F16			0.625	
F17			0.685	
F18			0.640	
F19				0.675

续表

量表项目和指标变量	成分			
	自我效能感	希望	韧性	乐观
F20				0.572
F21				0.682
F22				0.842
F23				0.682
F24				0.68∈
初始特征根值	4.562	3.632	2.709	1.352
解释方差的百分比	24.225%	21.356%	12.415%	12.563%
累积解释的方差	24.225	45.581	57.996	70.559

注：提取方法为主成分分析法；旋转法为具有 KAISER 标准化的正交旋转法，旋转在 5 次迭代后收敛。

四、简单相关性分析

本研究对新生代员工各变量的维度进行了相关性分析，具体研究结果见表 4.23。其中，组织文化社会化与自我效能感、希望、韧性、乐观显著相关，与活力、奉献和专注显著相关；工作胜任社会化与自我效能感、希望、韧性、乐观显著相关，与活力、奉献和专注显著相关；人际关系社会化和组织政治社会化也与自我效能感、希望、韧性、乐观显著相关，与活力、奉献和专注显著相关。

表 4.23　　　　　　　　　　　**简单相关性分析表**

	1组织文化社会化	2工作胜任社会化	3人际关系社会化	4组织政治社会化	5自我效能感	6希望	7韧性	8乐观	9活力	10奉献	11专注
1		.500**	.401**	.330**	.455**	.431**	.333**	.240**	.296**	.341**	.370**
2			.508**	.331**	.496**	.564**	.501**	.295**	.379**	.288**	.395**
3				0.263	.448**	.477**	.394**	.279**	.373**	.315**	.394**
4					.352**	.270**	.201**	.083**	.239**	.206**	.174**
5						.648**	.578**	.273**	.369**	.340**	.387**
6							.551**	.540**	.556**	.567**	.507**
7								.414**	.455**	.315**	.473**
8									.417**	.396**	.341**
9										.680**	.649**
10											.656**
11											

注：** 表示 $p < 0.01$。

五、假设验证

为了检验多层次假设,本书运用多层线性模型(HLM)对假设进行验证(Raudenbush,2002)。在多层次中介效应检验时,各变量按照总均值进行中心化并加入回归方程中,多层次中介回归的步骤仍然是遵循 Baron 和 Kenny(1986)检验中介变量的步骤。在多层次调节效应检验时,调节效应的检验步骤根据 Hofmann、Morgeson 和 Gerras(2003)的程序展开。

假设 1 认为组织社会化对新生代员工工作投入有正向作用。从表 4.24 的模型可以看出,当控制了教育程度以后,新生代员工的组织社会化对工作投入有显著的积极作用($r=0.358$,$p<0.001$)。由此证明了假设 1 成立。

假设 2 认为新生代员工的心理资本在组织社会化与员工工作投入之间起到了中介作用。从表 4.24 可以看出,当加入中介变量后,组织社会化对员工工作投入的作用明显下降($r=0.332$,$p<0.01$),同时,组织社会化对员工心理资本有显著的正向影响($r=0.555$,$p<0.001$),个体的心理资本对工作投入也有显著的正向作用($r=0.251$,$p<0.001$),根据 Baron 和 Kenny(1986)的程序,心理资本在组织社会化与新生代员工工作投入之间起到了部分中介作用,这表明假设 2 获得了部分支持。

假设 3a 认为领导心理资本调节了新生代员工组织社会化和工作投入的关系,当领导的心理资本水平高时,新生代员工组织社会化对工作投入的作用就增强;当领导心理资本水平低时,员工组织社会化对工作投入的作用就减弱。如表 4.25 的模型所示,领导心理资本的调节作用主要体现在组织社会化与工作投入关系的截距和斜率上,对截距的调节是 γ_{02}、γ_{05},对斜率的调节主要是 γ_{20}、γ_{21}。其中,对截距的调节中,γ_{02} 不显著,γ_{05} 边缘显著($\gamma_{05}=0.487$,$p<0.05$);对斜率的调节中,γ_{20} 和 γ_{21} 均显著($\gamma_{20}=0.578$,$p<0.001$;$\gamma_{21}=0.187$,$p<0.05$)。这表明,领导心理资本基本调节了新生代员工组织社会化与工作投入的截距,显著调节了新生代员工组织社会化与工作投入的斜率,调节效应成立,由此支持了假设 3a。

假设 3b 认为领导心理资本调节了新生代员工的心理资本和工作投入的关系,当领导的心理资本水平高时,员工的心理资本对工作投入的作用就增强;当领导心理资本水平低时,员工的心理资本对工作投入的作用就减弱。如表 4.26 的模型所示,领导心理资本的调节作用主要体现在新生代员工心理资本与工作投入关系的截距和斜率上,对截距的调节是 γ_{02}、γ_{05},对斜率的调节主要是 γ_{20}、γ_{21}。其中,对截距的调节中,γ_{02} 不显著,γ_{05} 边缘显著($\gamma_{05}=0.496$,$p<0.1$);对斜率的调节中,γ_{20} 和 γ_{21} 均显著($\gamma_{20}=0.548$,$p<0.001$;$\gamma_{21}=0.167$,$p<0.05$)。这表明,领导心理资本基本调节了新生代员工心理资本与工作投入的截距,显著调节了新生代员工心理资本与工作投入的斜率,调节效应成立,由此支持了假设 3b。

因此如表 4.25、表 4.26 所示,不管在领导心理资本高还是低的情况下,新生代员工的组织社会化对工作投入、新生代员工的心理资本对工作投入都有显著的正向影响,并且这种影响在领导心理资本高的情况下会被强化。

表 4.24   **HLM 的跨层次中介效应分析**

变量	工作投入			
	虚拟模型	模型 1	模型 2	模型 3
γ_{00}	3.732***	3.655***	3.646***	3.648***
受教育程度		0.390***	0.241***	0.208***
组织社会化			0.358***	0.332**
心理资本				0.251***
R^2		0.644	0.121	0.141

注:新生代员工数量为 234 人,团队数量为 36 人,* $p<0.05$,** $p<0.01$,*** $p<0.001$。

表 4.25   **HLM 的领导心理资本的跨层次调节效应分析一**

模型	参数估计								
	γ_{00}	γ_{02}	γ_{05}	γ_{20}	γ_{21}	σ^2	τ_{00}	τ_{01}	τ_{02}
因变量:工作投入; 自变量:组织社会化; 调节变量:领导心理资本									
虚拟模型	3.715***					0.677	0.035		
模型 1: L_1:工作投入$_{ij}=\beta_{0j}+\beta_{1j}$受教育程度$_{ij}{}^a+\beta_{2j}$组织社会化$_{ij}{}^a+r_{ij}$ L_2:$\beta_{0j}=\gamma_{00}+\gamma_{01}$受教育程度$_j+\gamma_{02}CC_j+\gamma_{03}$MEAN 组织社会化$_j+\gamma_{04}$MEAN 领导心理资本$_j+\gamma_{05}$MEAN 组织社会化$_j×$领导心理资本$_j+U_0$ L_2:$\beta_{1j}=\gamma_{10}+U_1$ L_2:$\beta_{2j}=\gamma_{20}+\gamma_{21}$领导心理资本$_j+U_2$	3.718***	−1.917	0.487*	0.578***	0.187*	0.516	0.152	0.196	0.043

注:组织社会化$_{ij}$指第 j 组第 i 个新生代员工的组织社会化;领导心理资本$_j$指第 j 组的领导心理资本;受教育程度$_{ij}{}^a$ 和组织社会化$_{ij}{}^a$ 指组均值中心化;MEAN 领导心理资本$_j$ 和 MEAN 组织社会化$_j$指领导心理资本和组织社会化在 j 组的均值,MEAN 组织社会化$_j×$领导心理资本$_j$是交互项。

表 4.26　　　　　　　　　　**HLM 的领导心理资本的跨层次调节效应分析二**

模型	参数估计								
	γ_{00}	γ_{02}	γ_{05}	γ_{20}	γ_{21}	σ^2	τ_{00}	τ_{01}	τ_{02}
因变量:工作投入; 自变量:组织社会化; 调节变量:领导心理资本									
虚拟模型	3.743***					0.635	0.045		
模型 1: L_1:工作投入$_{ij}=\beta_{0j}+\beta_{1j}$受教育程度$_{ij}{}^a+\beta_{2j}$员工心理资本$_{ij}{}^a+r_{ij}$ L_2:$\beta_{0j}=\gamma_{00}+\gamma_{01}$受教育程度$_j+\gamma_{02}CC_j+\gamma_{03}$MEAN 员工心理资本$_j+\gamma_{04}$MEAN 领导心理资本$_j+\gamma_{05}$MEAN 员工心理资本$_j\times$领导心理资本$_j+U_0$ L_2:$\beta_{1j}=\gamma_{10}+U_1$ L_2:$\beta_{2j}=\gamma_{20}+\gamma_{21}$领导心理资本$_j+U_2$	3.726***	−1.987	0.496*	0.548***	0.167*	0.526	0.172	0.196	0.045

注:员工心理资本$_{ij}$指第j组第i个新生代员工的心理资本水平;领导心理资本$_j$指第j组的领导心理资本;受教育程度$_{ij}{}^a$和员工心理资本$_{ij}{}^a$指组均值中心化;MEAN 领导心理资本$_j$和 MEAN 员工心理资本$_j$指领导心理资本和员工心理资本在j组的均值,MEAN 员工心理资本$j\times$领导心理资本$_j$是交互项。

从最终模型的效应分析表(表 4.24～表 4.26)可以看出,组织社会化与工作投入、心理资本均呈正相关,同时新生代员工的组织社会化通过正向影响心理资本进而积极影响他们的工作投入。新生代员工的组织社会化和心理资本、组织社会化和工作投入均受到了领导心理资本的正向调节作用。

第五章 结论与展望

第一节 结论与讨论

一、主要结论

本书研究的视角是从组织社会化这一过程出发,探讨新生代员工的组织社会化及其对心理资本和工作投入的影响,以及领导心理资本的调节作用。研究的范围包括新生代员工工作需求和主动行为对组织社会化的影响、新生代员工组织社会化对其心理资本和工作投入的影响两个方面。结果表明:

(1)新生代员工与上一代员工具有不同的工作需求、主动行为和工作投入程度。虽然国外学者关于如何对新生代员工进行管理的研究成果对本书有一定的借鉴意义,但因社会经济和时代环境的差异、我国计划生育政策的独特性和中西方家庭教育方式的差异,这些研究成果还不能完全诠释我国新生代员工的特点,因而对我国组织管理者的帮助存在局限性。同时,我国对新生代员工的相关研究虽然提出了新生代员工与上一代员工在工作表现中的一系列不同之处,并发现已有管理方式与新生代员工不相匹配,但并没有系统地探讨新生代员工的组织社会化问题。对我国新生代员工而言,其个性特征和工作相关特征并不能被孤立地看待,要与其成长的时代背景和工作的时代背景联系起来。面对新生代员工的进入,我国企业和组织应根据不同的地域、行业和组织性质特征,以及新生代员工工作经验的差异,采取适合于新生代员工的组织社会化策略。

(2)新生代员工的组织社会化程度受到其工作需求和主动行为的影响。本书从环境、组织、个人三个层面分析了新生代员工的特征,构建了一个全面的新生代员工组织社会化影响因素模型。组织社会化是员工与组织相互影响的过程:通过组织社会化内容的学习,员工可以得到丰富的信息,为了与组织的价值系统相适应而转变自己的工作行为、价值观念等,明确组织的目标及行为规范能进一步与组织融为一体;组织采取多种组织社会化策略促进员工对组织规范、文化等的接受以及学习,最终实现制度与规范的传承与发展。本书认为企业需要针对新生代员工与上一代员工不同的特征来转变组织社会化策略,以增强新生代员工的组织认可和提高他们的组织承诺、工作绩效。首先,企业要针对员工处于的不同组织社会化阶段,采取相应的组织社会化策略;其次,企业要针对新生代员工的需求特征,采取不同的管理方式和领导风格;最后,企业要根据新生代员工的主动行为和工作需求特征来调整管理思路,重视并推进新生代员工主导型的组织社会化策略。

(3)新生代员工的组织社会化对其工作投入有显著的积极影响。Haueter (1999)分析了大量早期有关组织社会化的研究维度与测量方法,指出早期的学者研究组织社会化的测量手段主要是第二手结果(以承诺与工作满意度为例),并不是直接的组织社会化的第一手结果。早期学者提供的是不完全的社会化测量,除了组织社会化以外的其他变量会影响到这些二手结果(Haueter,Macan,Winter,2003)。早期组织社会化的研究者忽视了工作投入等很多变量,本书一开始的研究焦点即组织社会化的直接结果——工作投入,扩展了组织社会化研究的理论框架。

(4)新生代员工的心理资本在组织社会化和工作投入之间起中介作用。结果表明,心理资本作为积极性较高的个人资源,可以使个人自我效能感大大提升,并且有助于新生代员工及时适应有压力、不确定的新环境,提高工作效率,此外,还可以帮助新生代员工完成职业生涯规划与个人心理认知调整。虽然新生代员工的组织社会化是有一些规律可循的,但是信息的处理与感知却受员工个人特质的影响。心理资本对于工作投入有着非常重要的影响,因此组织在进行新生代员工的选择时,应有意识地选择那些心理资本水平较高的员工。同时,组织应重视新生代员工的个人特质,尤其是那些心理资本水平较高的新生代员工,应与他们进行全面充分的沟通,进行正确的信息引导,从而有效把握员工心理契约预期的变化,并使其实现较高的工作投入。本书的研究结果显示,员工的心理资本和组织社会化水平,都与他们的工作投入显著正相关,Luthans 等在中国也进行了心理资本的实证研究,本书的研究与这个实证研究的结果相一致。

(5)领导心理资本在组织社会化与工作投入关系、心理资本与工作投入关系之间起到了积极的调节作用。本书在研究过程中发现,领导心理资本对新生代员工的组织社会化与工作效率、心理资本的关系起到了积极的调节促进作用。因此,实践方面,组织需加强对新生代员工组织社会化过程相关者的管理。Reichers 等(1997)指出组织社会化的责任主体主要指企业内部人力资源部门主管、培训人员和新员工同事。其中,人力资源发展职员应选择心理资本水平较高的领导作为新生代员工的上司,以促进每一位新生代员工的工作投入;新员工训练者及直管领导是影响新生代员工工作态度和行为的主要责任主体,如果部门领导和新生代员工充分沟通并参与新生代员工的组织社会化过程,将会使新生代员工更容易了解和接受工作的内容和方式;尤其是领导的支持和鼓励可以有效地降低新生代员工的忧虑。

二、研究探讨

首先,本书研究表明,心理需求、组织期望、组织支持、主动行为均对新生代员工的组织社会化存在显著影响,并由此探索性地构建了"需求-认知-行为"理论模型,可以很好地解释新生代员工独特的心理需求和主动行为对其组织社会化的影响。毫无疑问,基于扎根理论的研究方法建构的新生代员工特征模型可以解释新生代员工与上一代员工的差异,由新生代员工特征模型可知,新生代员工的"成长环境""工作环境""个性特征"和"工作相关特征"相互作用形成了新生代员工的特征。

成长背景是形成新生代员工特征的重要影响因素,主要表现在两个方面:一方面是时代背景,新生代员工出生于 20 世纪八九十年代,他们成长的时代赋予了其与上一代不同的标签。这一时期正值我国改革开放初期,新生代员工对民主和自由的需求高于上一代员工,同时在工作诉求上更为理性,不轻易崇拜权威;这一时期,我国经济逐步开放,经历了计划经济向市场经济的转变,加入 WTO 后,面临经济全球化的挑战;文化方面,由于受到政治改革和经济全球化的影响,传统文化被多元文化逐渐取代,社会阶层和社会诸要素急剧分化和重新组合的同时也带来了物质主义崇拜;科技方面,新生代员工的成长伴随着信息化的快速发展,网络、信息技术和大众传媒的全球化使得新生代员工掌握信息和科技的速度日益加快。另一方面是家庭教育背景,我国的计划生育政策使新生代员工普遍成为独生子女,并处于"4+2"包围圈的家庭抚养方式下,享受着更多的宠爱,甚至是溺爱,其成长环境远远优于上一代员工,这带来的不利影响是,其一旦遇到不顺利的事情,就容易情绪波动。计划生育政策给新生代员工带来的不仅仅是宠爱,还伴随着长辈的高度期望,而在中国高考制度下的"独木桥"式应试教育的影响下,新生代员工面临着较大的考试和竞争压力,因此容易形成以自我为中心、急功近利、只注重结果的个性特征。

进入职场的新生代员工面临着与上一代员工迥异的工作环境。第一,我国高校扩招使新生代员工普遍有比较高的受教育程度,但他们也面临着严峻的就业形势和激烈的人才竞争环境;第二,中国经济社会的不断发展虽然让多数新生代员工出生于比上一代更为富裕的家庭,但是同时也面临着高房价和高生活成本,下一代的抚养和教育成本也大大增加。因此,新生代员工也有了更大的生存压力。基于这种压力、功利主义和物质主义的影响,新生代员工往往更加注重工作的结果,并只愿意承担有限责任,在遇到更好的工作机会时则易选择跳槽,因此表现出对企业的忠诚度不高。

新生代员工与上一代员工的成长环境和工作环境的巨大差异造就了他们个性上的差异。从精神方面看,应试教育对分数的重视使进入社会后的新生代员工面对多元价值观时易产生困惑、迷茫和孤独,对未来感到焦虑和彷徨;溺爱的家庭抚养方式使他们普遍缺乏吃苦耐劳的精神、集体观念和大局意识;同时,多元化文化的兴起又让他们富有激情、勇于挑战、具有批判精神。从性格特征方面看,新生代员工往往勇于表达自我,他们个性鲜明、自信、情感表达方式直接、不喜欢受任何束缚;同时,激烈的就业环境也使他们表现出更为现实和理性的个性。从成就导向方面看,受到受教育程度、家庭抚养方式和就业环境等多方面影响,新生代员工更富有竞争意识,渴望成功;受多元文化的影响,他们趋向功利主义和实用主义,同时比上一代员工具有更高的自我尊重和自我实现需求,他们更加渴望证明自己,比上一代员工具有更为强烈的求胜心理和被他人认可的意识。从生活态度方面看,大部分新生代员工比上一代员工拥有更为富裕的成长环境,他们往往强调工作与生活的平衡,偏向消费主义和享乐主义。从政治需求方面看,受我国政治、经济、文化不断发展变化的影响,新生代员工比上一代员工具有更强的法律意识和民主自由的需求。从人际需求方面看,新生代员工重视友情的同时渴望更多的爱、关怀和理解。

踏入社会后的新生代员工,受其成长环境、工作环境和个性特征的影响,他们在工作中还表现出一系列与上一代员工有较大差异的特征,主要表现在以下两个方面。一是群体的能力特征。新生代员工普遍受教育程度比较高,他们能够快速地接受新生事物,具有较强的创新能力、思维能力和学习能力;同时,由于受应试教育和宠爱式抚养方式的影响,他们的社会适应力较差,缺乏处理复杂人际关系和抗挫折能力;受多元文化的影响又让他们对待周围的人和事更为理解和宽容,具有更强的可塑性和获取信息的能力。二是工作的行为特征。因处于竞争更为激烈的工作环境中,新生代员工在工作上往往持有更为善变的职业理念,同时会不断学习以提升自我。在处理与领导或上司的关系上,新生代员工易把心理需求和文化理念带入工作中,希望组织结构更加扁平化,不迷信权威,希望和领导沟通顺畅;淡化的等级观念使他们的自我管理意愿突出。在工作期望方面,新生代员工更渴望有变化的工作,希望能从事具有挑战性和灵活性的工作,他们对工作的期望值很高,不仅视工作为谋生的手段,更是自我学习、自我实现的过程。在与组织的关系方面,相比上一代员工,新生代员工的组织承诺或心理契约较低,把与组织间的关系视为一种交换关系。

本书构建的"需求-认知-行为"模型不仅证实了Vroom(1964)的"需求-期望-工具"理论,而且对该理论有如下的拓展:①新生代员工的时代特征、个性与能力会对其心理需求有所影响。Bandura(1977)的社会认知学习理论认为,员工的认知能力和对行动结果的预期直接影响了员工的工作行为。由社会学习理论可以看出,新生代员工心理需求的产生受到了客观环境、个性、能力和成长经历的影响,从而产生了对组织不同的期望,进而影响其组织社会化。②新生代员工的组织期望通过匹配感知对组织社会化产生影响。以往的研究多关注于期望落差的研究,对于组织期望对组织社会化的内在影响机制,则缺乏相关的探讨。本书研究发现组织期望通过匹配感知作用于组织社会化,丰富了组织社会化领域的研究。③新生代员工在组织社会化过程中,将组织期望与组织支持进行匹配比较,由此表现出相应的工作态度和工作行为。

其次,新生代员工通过组织社会化内容的学习来获得组织认可的心理资本,从而促进工作投入,领导心理资本在其中起到了积极的调节作用。近几十年来,研究者们对组织社会化特别感兴趣,是因为有效的组织社会化具有相当强的实践启示。当组织的新员工辞职或者被解雇,他们没有被充分的社会化是一个重要的原因(Fisher,1986),这会使工作紊乱、生产效率降低(Shaw,Gupta,Delery,2005),并且使得组织在员工招聘、选用和培训方面的成本增加(Kammeyer-Muller,Wanberg,2003)。除了为避免经济上的损失,组织需要新员工被充分地社会化,还由于劳动力现在变得更加流动,对组织的忠诚度正在下降,因此充分有效的社会化也许是一个防止员工认知和行为倒退的有效办法,还可以降低他们对融入组织并完成工作的焦虑感(Carr,Pearson,Vest et al,2006)。本书对组织社会化、心理资本和工作投入的研究表明,新生代员工充分地组织社会化,不仅可以防止工作倦怠,减少离职意向的产生,还可以对组织社会化积极的结果——工作投入产生正面的影响。

对组织社会化过程的研究主要有三种研究范式来理解组织社会化因素如何影响新员工的调试过程:组织角度、个人角度和组织个人交互影响的角度。组织角度的组织社会化研究主要探讨了方法和过程(比如说组织社会化策略),以及组织如何运用这些方法和过程来建立新员工的社会化经验。个人角度的组织社会化研究主要关注新员工的特征(比如人格)和主动性(比如信息搜索和询问)(Bauer,Bodner,Tucker et al,2007;Bauer,Morrison,Callister,1998;Saks,Ashforth,1997),现有研究从人与组织交互影响的角度来探讨新员工自我社会化与组织社会化一前一后对新员工调试的影响(Griffin,Colella,Goparaju,2000;Gruman,Saks,Zweig,2006;Kim,Cable,2005)。在这三种范式之下,有一种隐含的机制:心理资本。新生代员工通过组织社会化内容的学习获得心理资本并增强工作投入。另外,从社会资本调动过程的相互依赖的观点出发,本书认为领导特征,比如领导的心理资本可以潜在促进员工心理资本资源的调动:高水平的领导心理资本会强化组织社会化与新生代员工心理资本和工作投入之间的正向关系。

本书研究结果表明了新生代员工心理资本的中介作用与社会资本理论的两个方面——网络结果和网络资源相吻合。当新员工进入组织的时候,他们会有较高的不确定感,但是当各种信息的流通,给予新员工需要的信息时,会降低这些不确定感。另外,组织社会化也会帮助新生代员工更好地熟悉新环境。因此,新生代员工与这种社会网络的沟通表明了沟通网络的重要作用——人际关系和信息反馈的过程,可以用来降低不确定感。另外,组织设定的内在模糊性使新生代员工感觉到信息不足,这更加表明了沟道的信息化的重要性,组织社会化过程中的信息可以帮助新员工降低不确定性。如果新生代员工要在新环境中获得成就,就特别需要有途径来获取并调动各种信息和其他社会资源。

本书的研究通过组织社会化对心理资本和工作投入的影响模型促进和丰富了组织社会化的相关理论。本书在整合组织社会化的主流文献基础上,就组织社会化的影响机制做了进一步的研究,特别是对领导心理资本的作用的研究。尽管组织社会化相关文献已经对组织内部人员(领导和同事)有了丰富的研究,认为他们在新员工调试过程中起着重要的作用,但是这些内部人员如何促进新员工组织社会化,并且如何影响其结果还需要进一步的研究[①]。本书的模型对领导心理资本对新生代员工的影响做出了重要的解释,认为当新生代员工学习组织社会化内容时,高水平的心理资本的领导会帮助他们寻找社会化资源,比如信息,从而帮助他们进行有效地社会化。

第二节　研究启示

一、对管理者的建议

目前不少企业的管理还处于经验管理阶段,制度建设比较匮乏,管理的规范性不够,缺乏管理程序上的公正等,容易使新生代员工产生迷茫。主要表现在:①"60后"在组织中的"权威式领导"和新生代员工的自我化倾向之间的差异和冲突。管理者的传统思想与新生代员工平等的价值取向形成了冲突,会使新生代员工消极怠工。受传统管理思维的影响,管理者看重权威,很少与下属员工交流,这也导致管理者对员工的激励不能及时传递,而新生代员工不迷信权威、自我管理意愿突出,他们渴望表达自己的看法和见解、淡化等级观念、获得来自上级的肯定和赞赏,希望得到领导的及时反馈,渴望被真诚对待。管理者传统的管理方式使新生代员工感受不到管理者对自己的激励、感受不到和管理者的顺畅沟通,就很难有高的组织承诺度。管理者们需要调整传统的管理方式、改变领导风格。对新生代员工的管理,应多采用新生代员工愿意接受的、授权式的领导风格。②缺乏人文关怀。多元文化的兴起,社会阶层和社会诸要素的急剧分化和重新组合使得价值主体由社会本位向个人本位转化,多元文化的发展与传统文化中权威的衰败引发了社会规范的缺失,新生代员工往往注重自我价值的实现,不愿意牺牲个人利益。③很多企业没有设置相应的机构来对员工进行有效的心理干预,造成一些因心理问题而带来的轻生事件的发生。

本书表明,在管理方式、领导风格和自身能力上,领导要针对新生代员工的特征做出相应的转变。首先在激励方式上,领导要从以外在激励为主转向内外激励相结合,从传统的"家长制"领导风格转向参与式、授权式的领导风格。新生代员工渴望有所成就,向往自由宽松的工作氛围和更好的发展机会,希望被社会认可,因此他们对组织认可、个人声誉等无形激励比对物质激励更敏感。建立具有吸引力的企业文化,对于激励新生代员工起到了至关重要的作用,领导应多采取目标管理和柔性管理相结合的方式。为了满足新生代员工自由独立、渴望爱与关怀、不迷信权威的个性特征和工作需求,领导需要改变传统的管理观念和领导形象,强化鼓励

---

① Bauer T N, Green S G. Testing the combined effects of newcomer information seeking and manager behavior on socialization. Journal of Applied Psychology, 1998, 83(1):155.

· 84 ·

和支持的领导方式,努力把自己打造成支持型的领导。员工在这种领导方式的感召下,也会得到更多"心理授权"的体验,从而超越个人利益,为了组织的目标而与团队相互合作、共同奋斗。

提高领导的心理资本水平,为新生代员工组织社会化过程提供了有力的组织支持。本书研究表明在组织社会化过程中,领导心理资本对新生代员工心理资本、工作投入的影响是显著的,而且是其中最为关键的影响要素之一。当员工有一定需求时,组织为员工提供资源有助于提高员工的希望指数。新生代员工在组织内部工作时,总会遇到困难,从而产生沮丧情绪,因此在员工产生问题或遇到阻碍时提供解决办法是很有必要的,这种解决办法通常由组织提供。若员工未得到其所需资源,且无法获得解决方法,会陷入沮丧或者失望。企业提供给员工的资源,不仅仅是物质的,还需要管理人员的情感扶持。在现实中,若整个工作环境缺乏管理者的情感扶持,员工又希望满满,其最终就会产生很多的挫折情绪。因此,管理者需要及时发现员工产生希望的源头,并且帮助他们找到解决问题的方法,进而开发各个员工自身的优点与才能,实现人力资源的合理配置。在对新生代员工组织社会化的过程中,领导的心理资本起到了关键作用,员工若工作在正确的岗位上,会使他们眼界开阔,从而不仅可以提高他们的工作技能与效率,还可以提升他们的工作投入水平。

二、对企业和组织的建议

目前,我国不少企业和组织对新员工都实施了组织社会化策略,但缺乏针对新生代员工的组织社会化的内容或策略,主要表现在激励方式和管理方式上的不当。

由于管理者对新生代员工的特征把握不够,使其对新生代员工所采取的激励措施没有达到应有的效果,表现在以下几个方面:①激励方式单一,机制不健全。企业激励措施"一刀切",没有与时俱进,缺少针对新生代员工的激励措施。除了有较高的物质需求外,新生代员工还有自我发展和自我实现的更高需求,他们渴望变化,喜欢有挑战的、有趣的工作,喜欢灵活的工作时间和工作场所,有强烈的参与管理的意愿,在乎自由宽松的工作氛围、更好的发展机会、更高的待遇和持续的学习机会,因此以物质激励为主、缺乏培训与晋升的单一激励方式,不能够满足新生代员工的需求,也不利于他们长远的职业发展。②薪酬激励体系不公平。刚入职的新生代员工一般职位低,而企业的薪酬往往都与工作年限、职位层级直接挂钩,与工作能力、工作成果直接结合得不够。新生代员工富有竞争意识,渴望成功,强烈期望得到组织的认可,渴望彰显自我价值,证明自己与众不同。不合理的付酬机制导致新生代员工的报酬普遍较低,他们觉得能力和薪酬不成正比,因此会产生消极怠工等不良情绪,甚至离职。③对企业文化的激励作用不重视。特别在中小民营企业中,由于企业过分追求经济利益,忽视企业文化的建设,导致企业与员工之间缺少共同追求的目标与价值理念,企业与员工不能同心。除了重视物质需求外,新生代员工更重视自我实现的需求,他们要求平等、崇尚自由,对企业提出了更高的要求和期望值,如工作中能实现其人际交往需求、企业文化和政治需求与生活态度一致。当物质激励不能带来持久和强劲的生产力的状况下,只有文化激励下才能产生更大的工作绩效。

本书研究表明,企业和组织要针对新生代员工做出相应的调整。

第一,根据新生代员工的组织期望采取相应的组织社会化策略。Vroom (1964)的"需要-期望-工具"理论认为,激励的有效程度等于期望值和效价的乘积。由于效价对于员工而言是一种主观的判断,新生代员工具有不同的期望,因此,对同一激励所赋予的效价也不一样。面对新生代员工这种高层次的组织期望和个人特征,要从他们的实际工作需要和工作期望出发。研究表明,新生代员工往往对工作具有较高的成就期望,为体现自身价值、自我成长和自我发展,他们会做出不切实际的计划(Crampton,Hodge,2011)。同时,新生代员工对领导也有较高的期望,他们不迷信权威,渴望被真诚对待;希望领导公平公正,并具有精神关怀。强调组织规则的合理性已经不能满足新生代员工的心理需求,他们更重视的是以人为本的氛围(Kehrli,Sopp,2006)。因此,企业要找准组织要求和新生代员工期望的契合点来实施有效的组织社会化策略,具体办法有:①对新生代员工实施集中、系统的职前培训,提供岗位轮换的机会,与新生代员工及时沟通并为其提供适合的职业生涯规划,以较好地满足他们的个人发展需求,保证其较高的组织忠诚度和组织承诺度;②鼓励新生代员工参与激励方案的制定,并充分尊重他们的意见,提高他们对激励机制的评价,使得在企业激励成本一定的条件下,最大化新生代员工和组织双方的效用;③采用导师制,即安排资深员工辅导新生代员工,提供任务帮助、社会支持和角色模型,以引导新生代员工工作态度、工作价值观和工作行为的改变;④选择秉承"人性化"管理方式的管理者作为新生代员工的领导,充分肯定新生代员工的成就导向,满足他们彰显自我价值的需求、求胜心理和被他人认可的意识,从而提升新生代员工的忠诚度与积极性;⑤重视对新生代员工的人文关怀,让他们感受到更多的温暖。

第二,将新生代员工的主动行为嵌入组织社会化策略。当新生代员工进入组织时,他们面临着众多的不确定性,组织对其的社会化培训难以涵盖所有的未知领域,故需要新生代员工积极地搜集信息(石金涛,王庆燕,2007)。通过主动了解组织、部门、工作及其他相关人员的有关信息,新生代员工可以减少不确定感,增加安全感,从而更愿意留在组织中(陈诚,文鹏,2011)。因此,组织需要激发新生代员工的主动社会化行为,以加速其社会化进程,弥补组织社会化策略的不足。可以采取的主动行为激发措施有:①关注新生代员工的个性特质,有效预测其主动行为,组织同时为低主动性的新生代员工进行专门培训,指导和帮助他们提高主动性;②考虑新生代员工在主动行为上的差异,采用不同针对性的组织社会化策略;③发布准确、完整的信息,或者营造组织的诚信氛围,减少新生代员工在主动行为投入决策中的成本感知,提高他们的积极性;④培育支持性的领导风格,帮助员工自我指导和自我管理,并展现清晰的发展愿景来激发员工更多的主动行为。

第三,加强对个人主导型组织社会化策略的重视。由于新生代员工具有很强的主动性特征,在某种情况下,自我认知管理中包括努力进取,它对加强个体的自我效能感及自信心有一定的帮助,从而也会对员工自身工作绩效和满意度造成影响,并会提升他们的效率,进而加快新生代员工组织社会化的速度。在组织社会化过程中,新生代员工会主动搜集工作相关信息,甚至对领导提出相关问题或者要求,开展这些活动能让他们从不同角度对工作、部门、组织和其他有关人员的信息进行充分了解,对提升他们的工作绩效与学习效果有一定帮助。组织社会化主要包括 8 个方面的内容,分别是建立关系、工作改动的协商、努力进取、管理自我行为、信息搜寻与反馈、非正规的学徒关系、参与和工作相关的活动,以及观察和模仿。因此,企业在创新或改变组织社会化策略时,还要重视对新生代员工的主动行为有所回应,以促进新生代员工的工作积极性。以下是企业推进个人主导型组织社会化策略的一些可行性指施:加强对新生代员工的信息反馈;给予新生代员工建立正式或非正式关系一定的帮助;用正确的态度面对新生代员工工作改动中的协商;对新生代员工的努力向上表示肯定,支持他们参与和工作相关的正式或非正式的活动;进行新生代员工的自我行为管理培训;提拔以身作则的员工为领导,以供新生代员工观察和模仿。

第四,招聘与选拔新生代员工时,要考虑他们的心理资本水平。随着积极心理学和积极组织行为学的兴起,心理资本日益受到管理者的重视,外国不少公司都希望可以测量员工的心理资本,正确地选择员工,从而节省企业的招聘和管理成本。我国传统企业往往在招聘与选拔新员工的过程中,重视员工的学历、工作经验等人力资本因素而忽视其心理资本因素。现代企业应该多考察和运用新员工的心理资本,包括自我效能感、希望、韧性和乐观。例如,让员工对自身所处的企业充满信心,或者向员工充分授权。这样能有效地使用人力资源,让人才推动企业平稳健康发展。除此之外,让更多的员工进行决策也可以帮助员工培育希望。领导应该多为员工提供决策权和自由选择权,增强新生代员工的自主权,从而让新生代员工能更好地工作,同时也能激励他们去摸索和执行自己制订的行动计划,即寻求解决问题的途径和方法。希望的两个维度就是途径、动因。如果能提升这两大维度,那么员工的希望水平就肯定会提高。

第五,关注新生代员工组织社会化中的积极性。在管理实践中,领导更多关注的是不同生产环节,而对效益产生的源泉——员工这一主体的心理资本和工作投入的重视不够。企业和组织应基于我国人力资源丰富的特征,增强管理新生代员工工作投入、心理资本的力度。工作投入度高的新生代员工具有很强的工作能力和组织文化同化的经历,会将组织视作工作需求满足的对象,他们倾向于将组织融入他们的自我中,将组织内化,进而将组织的制度、文化、目标和价值体系融为自己的一部分。心理资本水平高的员工愿意在自己的工作上付出努力,并容易对工作有强烈的卷入,认为工作很有意义,对自己工作的状态很自豪,这可以为组织管理带来积极的作用。

总之,从现代企业管理的角度来看,新生代员工在组织发展中最具备内在潜力、活力和生机,作为企业宝贵的人力资本,对维持企业的生存和发展有着重要的作用。当下,企业若想持续发展就必须争取人才,这体现出了人才资源的决定性作用。因此,组织要有效地刺激新生代员工提高其工作激情和工作效率。假使新生代员工忽视对自己能力的激发,怠慢工作任务,甚至开始考虑跳槽,那么组织要想让其自身目标得以实现就是天方夜谭了。组织要从管理风格上着手改变,不再把新生代员工置于严格的监督和控制之下,而是为他们实现自身的工作目标、满足自身的工作需求提供各种条件,帮助他们的主动性和自身潜力得以充分发挥。一些组织的人力资源管理以高绩效、高投入和高承诺为目标,这样会提高新生代员工的忠诚度,从而成就公司的竞争优势,给公司创造利润,也使得公司重要的价值体现出来。员工的工作状态取决于组织支持的力度,而这种组织支持氛围需要新生代员工和同事、组织三者之间维持和谐的关系,如此一来,企业的工作绩效自然会提升。因此,就需要改变原来的企业人力资源管理制度和方法,引导新生代员工向组织融入,为其创造出一种和谐的工作氛围,激发他们的工作热情,引导他们对自我潜力的挖掘,从根本上使得企业目标得以高效实现。

第三节 创新与不足

一、创新之处

目前心理学、文化人类学、社会学和组织行为学等多学科中有关组织社会化的研究多为单纯的质性研究或者实证研究,本书采用目前国内外主流研究范式,即质性研究和实证研究相结合,从微观层次进行理论整合,建构了基于人-组织-环境综合作用的新生代员工组织社会化整合模型。与前人的研究相比,本书的创新之处主要体现在以下几个方面。

第一,拓展了新生代员工的情境化研究。国外已有一些关于新生代员工的研究,然而由于我国宏观(政治、经济和历史)、中观(公司环境、领导风格、人口特征)和微观层次(个体价值观、交流方式)的情境与国外都有差异,因此国外对新生代员工的研究成果不能直接照搬到我国对新生代员工的管理上。同时,我国进行了一些对新生代员工的质性研究,文献基本上都是在简单质性调查数据的基础上提出有效的建议,很少涉及实证研究,而针对新生代员工管理的提议也基本上都是怎样创新企业管理方式与激励机制,很少有将"80后"当作研究对象的实证研究,对"90后"的研究更是少之又少。本书认为,在研究我国新生代员工的组织社会化管理时,应该将我国的情境考虑进来,包括社会情境、经济情境、文化情境、组织工作情境,以及员工的认知和需求情境,并认为这些情境会影响我国新生代员工的组织社会化过程。由于对具体现象不同表现的研究往往要涉及群组比较,因此本书在质性研究和量化研究相结合的基础上将新生代员工和上一代员工做了对比研究,提炼出新生代员工组织社会化中的特征,为新生代员工的理论研究做出了一些贡献。

第二,深化了组织社会化的理论研究,使得组织社会化理论更全面、更具体和更精确。以往的研究表明员工特征深刻影响着组织社会化的整个过程,不过到底是哪些因素影响、有什么影响尚缺乏相应的研究。早前有学者进行过这方面的研究,不过也没明确其具体直接的影响机制。一方面,国外学者对新生代员工管理的相关研究成果对本书有一定的借鉴意义,但因社会经济和时代环境的差异、我国计划生育政策的独特性和家庭养育方式的差异,这些研究成果还不能完全诠释我国新生代员工的特点,因而对我国管理者的帮助存在局限性。另一方面,我国对新生代员工的相关研究虽然提出了新生代员工与上一代员工在工作表现上的一系列不同之处,并发现如今的管理方式与新生代员工不相匹配,但并没有系统地对新生代员工的组织社会化进行分析和研究。关于组织社会化的研究发现,如果组织社会化程度较高,那么就代表新生代员工可以接受组织的观念,可以掌握核心的技术和能力,可以创建组织中良好的同事关系,这对于塑造企业独特的竞争力,发挥新生代员工在组织中的最大工作潜力是至关重要的。本书运用社会学习理论和期望理论分析模型背后的深层次机制,认为在中国经济开放和政治改革的大环境下,新生代员工的组织社会化与上一代员工有所不同,并带有相应的组织期望,当他们将这种期望与组织所能给予的支持是否相匹配进行比较时,匹配的认知会对新生代员工的组织社会化程度造成影响。本书的结论进一步增强了组织社会化相关理论的解释力和预测力。

第三,从积极组织行为学的角度对组织社会化理论和工作投入理论进行了整合。新生代员工逐渐变成职场中的重要群体,不过和上一代员工相比,他们的离职率高与工作倦怠问题更加明显,因此引起越来越多研究者和企业的重视。工作投入是工作倦怠的相反面,工作投入能大幅度降低工作倦怠和离职意向,因此企业和研究者开始研究怎样提高新生代员工的工作投入。近年来,关于工作倦怠的研究开始在我国社会学、管理学及心理学等多个领域开展起来,不过关于工作投入的研究还很少。另外,国内外有关工作投入与工作倦怠已有的研究表明,工作投入的研究基本上都集中在法律、医护和教育等领域。虽然这些领域的员工的工作投入对推动社会平稳健康的发展产生了很大影响,但是其他领域组织员工的发展,特别是组织内新生代员工组织社会化和工作投入之间的关系,也必须引起重视。对新生代员工组织社会化对其工作投入影响的研究,不管是从填补组织社会化研究和工作投入研究空白的层面来说,还是从提升我国企业核心竞争力的层面来说,都有无可取代的现实意义与研究价值。

第四,引入先前学者较少或从未研究过的组织社会化影响因素——心理资本,应用到组织社会化领域,扩展了组织社会化理论,有效地解释了我国新生代员工的组织社会化影响机理。随着积极心理学和积极组织行为学的兴起,"心理资本"一词被引入组织行为学研究领域。2002年,Luthans和其他专家共同提出了"心理资本"这一概念,提出心理资本反映了个体积极的心理资源。2007年,Luthans等对心理资本进行了进一步的定义,他们指出心理资本是一种可以测量、发展并且增进绩效的积极的心理概念。随着积极心理学和积极组织行为学的进一步发展,许多学者都对员工心理资本、心理资本与组织绩效、组织公民行为、组织承诺等积极结果变量的关系进行了深入的研究。但截至目前,很少有人对组织社会化过程中的新生代员工心理资本进行研究。然而,心理资本既然是可以发展的积极心理状态和资源,那么无论是组织中的上一代员工还是组织社会化过程中的新生代员工都要具备。因此,在组织社会化过程中,新生代员工的心理资本也应该是值得本书研究的。为此,本书从心理资本的普遍性出发,根据以往研究者对心理资本和工作投入的论述,结合新生代员工的具体状况,将新生代员工组织社会化学习内容、心理资源和工作投入结合起来。

第五,在以往研究的基础上进一步深化了组织社会化影响作用的边界效应,探讨了领导心理资本在新生代员工组织社会化与工作结果之间的调节作用。国内外管理学专家很少研究领导因素对员工组织社会化的影响,本书尝试研究领导心理资本对新生代员工组织社会化的调节作用。在本书中,组织社会化是组织中的新生代员工从"外部人员"成为"内部人员"的过程,组织社会化过程中员工被组织环境所影响,而与员工工作关系最密切的组织环境因素就包括领导。领导风格不同,其领导行为也有所区别,从而对员工造成不一样的影响。积极组织行为学一直以来研究的中心都是心理资本,而领导的心理资本也开始被我国企业所重视,因此本书选择的调节变量是我国企业管理者的心理资本,以此研究和分析我国企业新生代员工组织社会化过程中的调节因素,以及这些因素对新生代员工心理资本和工作投入结果的影响。研究发现领导具有较高水平的心理资本会对新生代员工的组织社会化与工作投入的关系、心理资本与工作投入的关系产生积极的调节作用,为深入理解组织社会化的影响边界提供了理论价值。

二、研究的不足

第一,可以选择增加样本数量,从而获得更加可靠的结论。本书是在一定数量的新生代员工样本的基础上建立的,从统计学角度来讲,具有一定的可操作性。不过,在抽样期间,没有对新生代员工的公司地域和层次类别进行考虑,同时在其学历层次上也缺少典型意义,大学毕业生较少,没有很强的代表性,这种抽样约束了研究结果。从这个角度来讲,增加样本量,选取各个省份、各个层次类别的企业和新生代员工作为研究对象,结论可能会更加可靠。

第二,在时间充足的情况下,开展一项纵向研究,效果可能更明显。组织社会化是指新员工进入组织,了解组织规范、文化和工作技能,并融入组织成为组织内部人员的一个过程,因此,掌握新生代员工整体的情况对于了解新生代员工在企业组织中的发展有着非常重要的作用,也会对人力资源管理工作起到协助作用。对新生代员工的全面数据跟踪,尤其是对员工心理契约、员工的信息寻找战术等纵向数据的调查,持续时间较长,难度非常大。今后的研究可以采取时间序列的研究方法,使用时间序列的数据对各个变量的因果关系进行研究,揭示动态变化的整个过程,因此,对新生代员工的组织社会化研究采取纵向的研究方式,不论在实践上还是理论上,都有一定的价值与意义。

第三,在新生代员工组织社会化、心理资本、工作投入和领导心理资本的测量上,采用的都是自我报告的方法。由于研究的是新生代员工自身感受到的工作投入程度、组织社会化程度和心理资本水平,因此,采用自我报告的数据是基本合理的。虽然本书在团队层面采用的是由领导评价的心理资本,但并不代表不存在单一来源误差造成的潜在问题。在今后的研究中,要适当预防这一问题。

总之,本书采用扎根理论的研究方法和实证研究方法进行了初步的探索性研究,得到了一些有价值的结论及启示,但是在学术界针对新生代员工研究的争议比较多,既包括效度和信度的局限,也涉及其结论推广度的问题。为了促进本书的研究结论具有更加普遍的意义,今后可以将本书研究的概念或者范畴进一步界定,并进行大样本调查的实证研究,建立模型以验证不同变量之间的相关性、中介或者调节关系。此外,由于组织社会化是一个持续的动态过程,今后可以采用长期的追踪研究来揭示新生代员工组织社会化的特殊规律,进而检验和拓展本书的结论。

第四节　研究展望

目前,本书对新生代员工工作投入、心理资本和组织社会化的研究还可以从以下几个方面进行扩展。

一、对新生代员工的研究采用横向与纵向数据相结合的方式,提高数据的准确性

在研究新生代员工的过程中,出现了很多不同的意见,这与普遍使用的横向研究方式有很大关联。只有长时间地纵向研究新生代员工的心理资本、工作投入和组织社会化,才能突破传统的研究方式,同时揭示出新生代员工组织社会化影响作用和影响因素的实质。在研究方式上要增强纵向研究和多法与多质的研究范式。今后的研究中可以使用时间序列、横截面的面板数据,以及其他多种数据来提高调查研究结果的准确性。组织社会化是一个动态的过程,因此,掌握新生代员工整体的情况对于了解其在组织中的发展有着非常重要的作用,也能对人力资源管理工作起到协助作用。新生代员工的全面数据跟踪,尤其是对新生代员工组织社会化、

工作投入等纵向数据的调查,持续时间较长,难度非常大。关于这个问题国外有较多的纵向研究,但是对于组织、领导和员工的资源要求都非常高,仅研究机构对此进行纵向调查是远远不够的,而我国对这方面的纵向研究更是欠缺。因此如果有良好的设计、充足的数据来源、便利的调查方式,建议采用横向与纵向数据相结合的方法对一些企业和组织中的特殊且重要的新生代员工,如培训生,进行长期的调查,并且通过设计控制组和非控制组,了解条件变化后的新生代员工的变化,并以此达到为企业和组织人力资源部门合理培训与发展新生代员工的目标。

二、组织社会化研究的展望

在很多年前,就出现了研究组织社会化的策略与内容,以及新员工主动行为和主动性人格的模型及理论。我国在近十年才开始研究与新员工组织社会化相关的内容。尽管国内外学者对组织社会化的研究有了一系列的成果,但从现有研究来看,国内外对组织社会化的研究还存在以下问题:①缺乏统一的理论基础或者模式。尽管人力资源学、组织行为学和心理学等多学科、多角度研究方法和多理论取向增加了组织社会化策略与内容及员工主动性的研究途径,但也造成整个组织社会化理论与方法论研究缺少坚实的理论基础。②评测组织社会化的内容有很多分歧。目前,专家们从各个研究角度设计了组织社会化内容的问卷,同时进行评测,造成对组织社会化的研究结果出现很多分歧。③研究被试的选取范围过小。早期组织社会化研究的对象基本上都是 MBA 学员和大学毕业生,很少有人研究我国工作情境下的新生代员工。因此,有必要以不同文化背景、不同需求、不同主动性的各种类型的员工为被试进行研究,拓展现有的组织社会化内容、策略和主动行为的研究对象。本书建议研究人员今后进行相关内容的深入研究时要基于本书的研究成果;要将不同个体特征或不同企业文化背景的新生代员工当作被试,增加已有的研究对象;要关注人和组织共同作用的组织社会化整合模型,选取的组织社会化测量工具应该是被普遍使用的,以此进行我国情境下的新生代员工组织社会化实证研究。

三、工作投入研究的问题和展望

因为学界对工作投入的研究才刚刚开始,所以还有很多问题需要解答。本书探讨了几个主题,这些主题可以在接下来的工作投入的研究领域中进行进一步探讨。

1.每日工作投入

大多数对工作投入的研究并不能解释为什么投入度高的员工有时也会表现出低水平的工作绩效,甚至投入度高的员工也可能会出现旷工现象,研究者开始通过工作投入的每日变化来研究这些问题。日记法研究的优点在于它很少依赖于回想,而是依赖常规的调查,这是因为个体问题与个体在特定时间的感知和情感有关。另外,个体工作投入的每日变化可能与绩效的每日变化相关。日记法研究也可以揭示工作投入每天的触发作用(Sonnentag,Dormann,Demerouti,2010)。

2.工作投入的短期、长期结果

现有的研究表明,工作投入具有短期和长期的积极影响(Sonnentag,2003;Xanthopoulou et al,2009,Mauno et al,2007;Schaufeli et al,2008)。然而,有一个问题值得注意,工作投入是否有其阴暗面。如果员工一直处于工作投入度高的状态,是否会投入程度过高?(Sonnentag,Mojza,Binnewies et al,2008)投入可以带来新能量,但最终是否会带走能量?投入的员工最终是否会倦怠?在这个过程中恢复起到了什么作用?将来可以通过多阶段的研究,通过短期和长期的跨度来收集数据以观察工作投入的短期和长期结果,特别是工作投入和健康之间的关系。

3.工作投入的干预

将来对工作投入的研究可以从干预着手来获得成果。这种研究会很有价值,不仅仅是因为它着眼于积极的东西,还因为它可以直接促进与工作相关的积极因素。另外,从理论的角度来说,关于它的研究很有趣也很重要,促进工作投入就是防止工作倦怠。虽然对工作倦怠的研究很多,但是令人失望的是,能够明确通过干预来减少倦怠状态的研究还很少(Maslach,Schaufeli,Leiter,2001)。现有的文献有大量横截面研究表明了工作倦怠的相关因素,但很少有研究表明怎么去影响工作倦怠的变化。本书希望研究者们不仅仅研究工作投入的前因变量和结果变量,未来的研究还可探讨新的管理程序或者人事手段对工作投入的影响。接下来有意思的问题是,工作投入能否被训练出来?工作投入研究框架能否对干预研究有帮助?

4.工作投入的管理

人们怎样管理他们的工作投入?根据自我调节理论,个体会运用一系列的策略来指导他们目标导向的行为,以应对外部环境的变化。比如,调节集中理论(Higgins,2000)认为个体在调节的关注点上是不同的。当他们关注度提升时,会倾向于被成长和发展需求所激励,具有更强烈的理念。当他们回避时,会被安全需求所带动,他们需要安全和保护,更强调义务,更希望规避风险。调节关注点受个人差异影响,也受到环境的影响(Higgins,2000)。调节关注点对工作投入的影响是一个有趣的研究题项。那么强调成长和资源的工作环境能够提升关注和工作投入吗?提升导向的员工有足够的雄心壮志和策略来成功平衡环境和自我(Brock-ner,Higgins,2001)。相反的是,强调责任和要求的工作环境可能促使避免导向的生成。避免导向的员工可能急切和功利地在工作环境中使用警戒和规避策略。简而言之,将来的研究可以探讨,当员工的长期关注和任务导向关注相匹配时,工作投入的程度是否会最高?

5.概念的发展和整合

如果学者们认可了工作投入的意义,将会在这个领域有更多的进展。如前文所述,在工作投入上有两个被广泛认可的维度:精力和卷入(认同),这两个维度都可以通过 OLBI(Demerouti,Bakker,2008)、MBI(Maslach et al,1996)和 UWES (Schaufeli et al,2002)来测量。将来的研究工作可以探讨专注是否能够作为工作投入的一个关键维度。解决这个问题需要在理论和测量方法上有更多进展。基于目前对工作投入概念和效度的分析和研究,工作投入和其他成熟的概念如满意度、组织承诺和组织公民行为之间的关系也应该说清楚。因此,工作投入这个概念应该具有其附加的价值。

四、加强心理资本的跨行业研究

本书从新生代员工的角度总结了与心理资本相关的研究结论,该结论可否在其他领域或情境中使用,现在还存在一些质疑。因此有必要在不同国家和领域来检验有关心理资本的研究成果。如今,研究者不同,提出的心理资本维度也有所区别,同时关于积极组织行为学要素选取的标准也有很大分歧,因此就形成了各不相同的研究结果。今后,对心理资本的维度和性质进行统一,对心理资本理论基础的确定,会有助于心理资本积极作用或者干预成果的推广与应用。

五、结语

从最初提及新生代员工概念到现在已经有很多专家开始研究新生代员工的定义和特点,及其对组织和领导造成的影响,关于新生代员工的研究已经取得了一些研究成果。目前,越来越多的专家和管理者开始重视关于积极组织行为学和心理学的研究。然而,针对新生代员工的组织社会化、心理资本和工作投入的研究才刚起步,还存在很多因素,比如影响新生代员工组织社会化的组织和个体或团队因素,新生代员工心理资本、工作投入和其他个人因素之间的联系和彼此影响的内在机理等,需进行进一步研究。由于全球经济一体化的不断深入,国内外很多专家都开始重视工作行为、人力资本和积极工作态度的问题,这其中也包括新生代员工的心理资本和工作投入问题。新生代员工组织社会化的研究在今后面临的核心问题将是怎样开发和利用新生代员工的智力和情感,进而为新生代员工创造更好的工作环境,促进其提高组织社会化程度和工作投入水平,从而提高企业的经济效益。

附录一　新生代员工组织社会化、心理资本和工作投入调查问卷（员工问卷）

您好！

首先,非常感谢您在百忙之中抽出时间参与本研究的调查问卷。本调查属科学研究之用,完全采用匿名的方式进行,您的回答将会受到严格的保密,问卷回收后,除研究者之外,任何人都不会看到您的问卷结果,请不要有任何顾虑。请您在思考后,根据自己最真实的感受和情况进行填写！

非常感谢您的真诚合作和热心参与,谢谢！

武汉大学经济与管理学院

以下是有关您在工作中的一些描述。请根据实际情况进行判断,圈出您认为最能代表您看法的数字。数字所代表的含义为：

1＝非常不同意;2＝不同意;3＝不确定;4＝同意;5＝非常同意。

C1 我了解公司创建和发展的历史	1	2	3	4	5
C2 我了解公司的性质、业务及发展前景	1	2	3	4	5
C3 我了解公司以往发生过的重大事件	1	2	3	4	5
C4 我知道公司长久保持的传统	1	2	3	4	5
C5 我知道公司的一些重要日子	1	2	3	4	5
C6 我清楚公司制定的政策与规章制度	1	2	3	4	5
C7 我知道如何有效率地完成自己的工作	1	2	3	4	5
C8 我掌握了完成工作所需要的技能技巧	1	2	3	4	5
C9 我理解自己所在部门的工作职责	1	2	3	4	5
C10 我了解公司中的一些行话及常用语所代表的特定含义	1	2	3	4	5
C11 我尚未发展出适当的技能来完成我的工作	1	2	3	4	5
C12 我了解部门与公司的目标	1	2	3	4	5
C13 我拥有完成工作所需要的资源	1	2	3	4	5
C14 我与公司同事关系融洽	1	2	3	4	5
C15 我在公司里比较受欢迎	1	2	3	4	5

C16 我所在公司的同事愿意提出建设性意见	1	2	3	4	5
C17 我把同事当成自己的朋友	1	2	3	4	5
C18 我很少参与工作以外的同事聚会和活动	1	2	3	4	5
C20 我了解公司各领导所代表的利益	1	2	3	4	5
C21 我了解公司中的某些"潜规则"	1	2	3	4	5
C22 我了解谁是公司最有影响力的人	1	2	3	4	5
C23 我了解公司中其他同事的行为动机	1	2	3	4	5
C24 我能辨别要完成的事情以及谁是公司中最重要的人	1	2	3	4	5
C25 我不太了解公司中的政治活动	1	2	3	4	5
F1 我相信自己能分析长远的问题,并找到解决方案	1	2	3	4	5
F2 与管理层开会时,在陈述自己工作范围之内的事情方面我很自信	1	2	3	4	5
F3 我相信自己对公司战略的讨论有贡献	1	2	3	4	5
F4 在我的工作范围内,我相信我能够帮助自己设定目标	1	2	3	4	5
F5 我相信自己能够与公司外部的人(比如供应商、客户)联系,并讨论问题	1	2	3	4	5
F6 我相信自己能够向一群同事陈述信息	1	2	3	4	5
F7 如果我发现自己在工作中陷入了困境,我能想出很多办法从困境中摆脱出来	1	2	3	4	5
F8 目前,我正精神饱满地朝着自己的工作目标努力	1	2	3	4	5
F9 我相信任何问题都有很多解决方法	1	2	3	4	5
F10 眼下,我认为自己在工作上相当成功	1	2	3	4	5
F11 我能想出很多办法来实现我目前的工作目标	1	2	3	4	5
F12 目前,我正在实现我为自己设定的工作目标	1	2	3	4	5
F13 在工作中遇到挫折时,我很难从中恢复过来,并继续前进	1	2	3	4	5
F14 在工作中,我无论如何都会去解决遇到的难题	1	2	3	4	5
F15 可以说,我能够独立应对工作中非做不可的事情	1	2	3	4	5
F16 我通常对工作中的压力能泰然处之	1	2	3	4	5
F17 因为以前经历过很多磨难,所以我现在能挺过工作上的困难时期	1	2	3	4	5
F18 在我目前的工作中,我感觉自己能同时处理很多事情	1	2	3	4	5
F19 在工作中,当遇到不确定的事情时,我通常会做最好的估计	1	2	3	4	5
F20 如果某件事情会出错,即使我明智地工作,它也会出错	1	2	3	4	5
F21 对自己的工作,我总是看到事情光明的一面	1	2	3	4	5

F22 对我的工作未来会发生什么,我是乐观的	1	2	3	4	5
F23 在我目前的工作中,事情从来没有像我希望的那样发展	1	2	3	4	5
F24 工作时,我总相信"黑暗的青后就是光明,不用悲观"	1	2	3	4	5
N1 工作时,我觉得干劲十足	1	2	3	4	5
N2 即使工作进展不顺利,我也不会灰心丧气	1	2	3	4	5
N3 早上起床时,我很乐意去上班	1	2	3	4	5
N4 工作时,我感到精力充沛	1	2	3	4	5
N5 工作时,我的心情非常开朗	1	2	3	4	5
N6 我能持续工作很长时间,中间不需要假期休息	1	2	3	4	5
N7 我为自己所从事的工作感到骄傲	1	2	3	4	5
N8 我觉得我所从事的工作非常有意义	1	2	3	4	5
N9 我所做的工作能够激励我	1	2	3	4	5
N10 我对自己的工作非常热衷	1	2	3	4	5
N11 对我而言,工作具有挑战性	1	2	3	4	5
N12 当我工作时,满脑子就只有工作	1	2	3	4	5
N13 当我工作时,时间总是不知不觉就过去了	1	2	3	4	5
N14 当我工作时,心中只想着工作	1	2	3	4	5
N15 让我放下手中的工作是件很困难的事情	1	2	3	4	5
N16 当我全身心投入工作时,我感到快乐	1	2	3	4	5

1. 您的性别:
   A. 男　　　　　　　　　B. 女
2. 您的年龄:
   A. 32 岁及 32 岁以下　　B. 32~45 岁(包括 45 岁)　　C. 45 岁以上
3. 您的学历:
   A. 高中、中专　　　　　B. 大专　　　　　　　　　　C. 大学本科
   D. 研究生及研究生以上
4. 您的职位类别:
   A. 基础员工　　　　　　B. 基层管理者
5. 工作年限:
   A. 没有工作经验　　　　B. 1~2 年　　　　　　　　　C. 2~4 年
   D. 4 年及 4 年以上

6. 您的工作类型:

    A. 文职工作   B. 管理性工作   C. 技术性工作

    D. 市场性工作   E. 其他工作

    到此您已经顺利地完成了这份调查问卷,不妨检查一下是否有漏填的,再次感谢您的劳动和合作!

附录二 领导心理资本问卷(领导问卷)

您好!

首先,非常感谢您在百忙之中抽出时间参与本研究的调查问卷。本调查属科学研究之用,完全采用匿名的方式进行,您的回答将会受到严格的保密,问卷回收后,除研究者之外,任何人都不会看到您的问卷结果,请不要有任何顾虑。请您在思考后,根据自己最真实的感受和情况进行填写!

非常感谢您的真诚合作和热心参与,谢谢!

武汉大学经济与管理学院

以下是有关您在工作中的一些描述。请根据实际情况进行判断,圈出您认为最能代表您看法的数字。数字所代表的含义为:

1=非常不同意;2=不同意;3=不确定;4=同意;5=非常同意。

Q1 我相信自己能分析长远的问题,并找到解决方案	1	2	3	4	5
Q2 与管理层开会时,在陈述自己工作范围之内的事情方面我很自信	1	2	3	4	5
Q3 我相信自己对公司战略的讨论有贡献	1	2	3	4	5
Q4 在我的工作范围内,我相信我能够帮助自己设定目标	1	2	3	4	5
Q5 我相信自己能够与公司外部的人(比如供应商、客户)联系,并讨论问题	1	2	3	4	5
Q6 我相信自己能够向一群同事陈述信息	1	2	3	4	5
Q7 如果我发现自己在工作中陷入了困境,我能想出很多办法从困境中摆脱出来	1	2	3	4	5
Q8 目前,我正精神饱满地朝着自己的工作目标努力	1	2	3	4	5
Q9 我相信任何问题都有很多解决方法	1	2	3	4	5
Q10 眼下,我认为自己在工作上相当成功	1	2	3	4	5
Q11 我能想出很多办法来实现我目前的工作目标	1	2	3	4	5
Q12 目前,我正在实现我为自己设定的工作目标	1	2	3	4	5
Q13 在工作中遇到挫折时,我很难从中恢复过来,并继续前进	1	2	3	4	5
Q14 在工作中,我无论如何都会去解决遇到的难题	1	2	3	4	5

Q15 可以说,我能够独立应对工作中非做不可的事情	1	2	3	4	5
Q16 我通常对工作中的压力能泰然处之	1	2	3	4	5
Q17 因为以前经历过很多磨难,所以我现在能挺过工作上的困难时期	1	2	3	4	5
Q18 在我目前的工作中,我感觉自己能同时处理很多事情	1	2	3	4	5
Q19 在工作中,当遇到不确定的事情时,我通常会做最好的估计	1	2	3	4	5
Q20 如果某件事情会出错,即使我明智地工作,它也会出错	1	2	3	4	5
Q21 对自己的工作,我总是看到事情光明的一面	1	2	3	4	5
Q22 对我的工作未来会发生什么,我是乐观的	1	2	3	4	5
Q23 在我目前的工作中,事情从来没有像我希望的那样发展	1	2	3	4	5
Q24 工作时,我总相信"黑暗的背后就是光明,不用悲观"	1	2	3	4	5

参 考 文 献

[1]Ashforth B E,Saks A M,Lee R T. Socialization and newcomer adjustment:The role of organizational context[J]. Human Relations, 1998, 51(7): 897-926.

[2]Ashforth B E,Sluss D M ,Harrison S H. Socialization in organizational contexts[J]. International Review of Industrial and Organizational Psychology, 2007,22:1.

[3]Ashforth B E,Saks A M. Socialization tactics:Longitudinal effects on newcomer adjustment [J]. Academy of Management Journal, 1996, 39 (1): 149-178.

[4]Avey J B,Luthans F,Jensen S M. Psychological capital:A positive resource for combating employee stress and turnover[J]. Human Resource Management,2009,48(5):677-693.

[5]Avey J B,Patera J L,West B J. The implications of positive psychological capital on employee absenteeism [J]. Journal of Leadership & Organizational Studies,2006,13(2):42-60.

[6]Bakker A B,Demerouti E. The job demands-resources model:State of the art[J]. Journal of Managerial Psychology,2007,22(3):309-328.

[7]Bakker A B,Demerouti E,Burke R. Workaholism and relationship quality: A spillover-crossover perspective[J]. Journal of Occupational Health Psychology,2009, 14(1):23.

[8]Bakker A B,Schaufeli W B. Positive organizational behavior:Engaged employees in flourishing organizations[J]. Journal of Organizational Behavior,2008, 29(2):147-154.

[9]Borges N J,Manuel R S,Elam C L,et al. Differences in motives between Millennial and Generation X medical students[J]. Medical Education, 2010, 44 (6):570-576.

[10]Brockner J,Higgins E T. Regulatory focus theory:Implications for the study of emotions at work[J]. Organizational Behavior and Human Decision Processes,2001,86(1):35-66.

[11]Cable D M,Parsons C K. Socialization tactics and person-organization fit [J]. Personnel Psychology,2001,54(1):1-23.

[12]Carr J C,Pearson A W,Vest M J,et al. Prior occupational experience, anticipatory socialization, and employee retention[J]. Journal of Management, 2006,32(3):343-359.

[13]Cooper-Thomas H,Anderson N. Newcomer adjustment:The relationship between organizational socialization tactics,information acquisition and attitudes [J]. Journal of Occupational and Organizational Psychology, 2002, 75 (4): 423-437.

[14]Crampton S M,Hodge J W. Generation Y:Unchartered territory[J]. Journal of Business Economics Research (JBER),2011,7(4):1-6.

[15]De Lange A H,De Witte H,Notelaers G. Should I stay or should I go? Examining longitudinal relations among job resources and work engagement for stayers versus movers[J]. Work & Stress,2008,22(3):201-223.

[16]Deci E L,Ryan R M. Self-Determination[M] // Corsini. Encylopedia of Psychology. New Jersey:John Wiley & Sons,Inc. ,2010.

[17]Demerouti E,Cropanzano R,Bakker A, et al. From thought to action: Employee work engagement and job performance[M] // Amold B B,Michael P L. Work Engagement:A Handbook of Essential Theory and Research. London:Psychology Press,2010:147-163.

[18]Farley R,Alba R. The new second generation in the United States[J]. International Migration Review,2002,36(3):669-701.

[19]Fredrickson B L. The value of positive emotions:The emerging science of positive psychology is coming to understand why it's good to feelgood[J]. American Scientist,2003,91(4):330-335.

[20]Gierveld J,Bakker A. The influence of the secrtary[M]. Diemen:Manpower,2005.

[21]Godes D,Mayzlin D. Using online conversations to study word-of-mouth communication[J]. Marketing Science,2004,23(4):545-560.

[22]González-Romá V,Schaufeli W B,Bakker A B,et al. Burnout and work engagement:Independent factors or opposite poles? [J]. Journal of Vocational Behavior,2006,68(1):165-174.

[23]Gooty J,Gavin M,Johnson P D,et al. In the eyes of the beholder transformational leadership,positive psychological capital,and performance[J]. Journal of Leadership & Organizational Studies,2009,15(4):353-367.

[24]Griffin A E,Colella A,Goparaju S. Newcomer and organizational sociali-

zation tactics: an interactionist perspective[J]. Human Resource Management Review,2001,10(4):453-474.

[25]Gruman J A,Saks A M,Zweig D I. Organizational socialization tactics and newcomer proactive behaviors: An integrative study[J]. Journal of Vocational Behavior,2006,69(1):90-104.

[26]Hakanen J J,Bakker A B,Schaufeli W B. Burnout and work engagement among teachers[J]. Journal of School Psychology,2006,43(6):495-513.

[27]Hakanen J J,Schaufeli W B,Ahola K. The job demands-resources model: A three-year cross-lagged study of burnout,depression,commitment,and work engagement[J]. Work & Stress,2008,22(3):224-241.

[28]Halbesleben J R,Wheeler A R. The relative roles of engagement and embeddedness in predicting job performance and intention to leave[J]. Work Stress,2008,22(3):242-256.

[29]Harter J K,Schmidt F L,Keyes C L. Well-being in the workplace and its relationship to business outcomes: A review of the Gallup studies[J]. Flourishing: Positive Psychology and The Life Well-Lived,2003,2:205-224.

[30]Haueter J A. A measurement of newcomer socialization: construct validation of a three dimension measurement scale[D]. St. Louis: University of Missouri,1999.

[31]Haueter J A,Macan T H,Winter J. Measurement of newcomer socialization: Construct validation of a multidimensional scale[J]. Journal of Vocational Behavior,2003,63(1):20-39.

[32]Higgins E T. Making a good decision: Value from fit[J]. American Psychologist,2000,55(11):1217.

[33]Jablin F M,Putnam L. The new handbook of organizational communication: Advances in theory,research,and methods[M]. Thousand Oaks: Sage Publications,Inc. ,2001.

[34]Kehrli S,Sopp T. Managing generation Y[J]. HR Magazine,2006,51(5):113-119.

[35]Kim T Y,Cable D M,Kim S P. Socialization tactics,employee proactivity,and person-organization fit[J]. Journal of Applied Psychology,2005,90(2):232-241.

[36]Kim T Y,Cable D M,Kim S P,et al. Emotional competence and work performance: The mediating effect of proactivity and the moderating effect of job autonomy[J]. Social Science Electronic Publishing,2010,30(7):983-1000.

[37]Klein H J,Heuser A E. The learning of socialization content: A frame-

work for researching orientating practices[J]. Research in Personnel and Human Resources Management,2008,27:279-336.

[38]Koyuncu M,Burke R J,Fiksenbaum L. Work engagement among women managers and professionals in a Turkish bank:Potential antecedents and consequences[J]. Equal Opportunities International,2006,25(4):299-310.

[39]Leiter M P,Maslach C. Burnout and health[M]// Andrew B,Tracey A R,Jerome S. Handbook of Health Psychology. London:Psychology Press,2001:415-426.

[40]Letcher L. Psychological capital and wages:A behavioral economic approach[D]. Manhattan:Kansas State University,2003.

[41]Lueke S B,Svyantek D J. Organizational socialization in the host country:The missing link in reducing expatriate turnover[J]. International Journal of Organizational Analysis,2000,8(4):380-400.

[42]Luthans F. The need for and meaning of positive organizational behavior [J]. Journal of Organizational Behavior,2002,23(6):695-706.

[43]Luthans F,Avey J B,Avolio B J,et al. Psychological capital development:Toward a micro-intervention[J]. Journal of Organizational Behavior,2006,27(3):387-393.

[44]Luthans F,Avey J B,Avolio B J,et al. The development and resulting performance impact of positive psychological capital[J]. Human Resource Development Quarterly,2010,21(1):41-67.

[45]Luthans F,Avey J B,Clapp-Smith R,et al. More evidence on the value of Chinese workers' psychological capital:A potentially unlimited competitive resource? [J]. The International Journal of Human Resource Management,2008,19(5):818-827.

[46]Luthans F,Avey J B,Patera J L. Experimental analysis of a web-based training intervention to develop positive psychological capital[J]. Academy of Management Learning & Education,2008,7(2):209-221.

[47]Luthans F,Avolio B J,Avey J B,et al. Positive psychological capital:Measurement and relationship with performance and satisfaction[J]. Personnel Psychology,2007,60(3):541-572.

[48]Luthans F,Youssef C M. Emerging positive organizational behavior[J]. Journal of Management,2007,33(3):321-349.

[49]Luthans F,Youssef C M,Avolio B J. Psychological capital:Developing the human Competitive Edge[M]. Oxford:Oxford University Press,2007.

[50]Macey W H,Schneider B. The meaning of employee engagement[J]. In-

dustrial and Organizational Psychology,2008,1(1):3-30.

[51]Maslach C,Leiter M P. Early predictors of job burnout and engagement [J]. Journal of Applied Psychology,2008,93(3):498.

[52]Masten A S,Reed M G J. Resilience in development[M]//Snyder C R, Lopez J S. Handbook of Positive Psychology. Oxford:Oxford University Press, 2002:74-88.

[53]Mauno S,Kinnunen U,Ruokolainen M. Job demands and resources as antecedents of work engagement:A longitudinal study[J]. Journal of Vocational Behavior,2007,70(1):149-171.

[54]May D R,Gilson R L,Harter L M. The psychological conditions of meaningfulness,safety and availability and the engagement of the human spirit at work[J]. Journal of Occupational and Organizational Psychology,2004,77(1): 11-37.

[55]Meijman T F,Mulder G. Psychological aspects of workload[J]. New Handbook of Work and Organizational Psychology,1998:2.

[56]Miller V D,Jablin F M. Information seeking during organizational entry: Influences,tactics,and a model of the process[J]. Academy of Management Review,1991,16(1):92-120.

[57]Morrison E W. Newcomers' relationships:The role of social network ties during socialization[J]. Academy of Management Journal,2002,45(6): 1149-1160.

[58]Myers L B. Identifying repressors:A methodological issue for health psychology[J]. Psychology and Health,2000,15(2):205-214.

[59]O'Reilly C A,Chatman J,Caldwell D F. People and organizational culture:A profile comparison approach to assessing person-organization fit[J]. Academy of Management Journal,1991,34(3):487-516.

[60]Peterson S J,Walumbwa F O,Byron K,et al. CEO positive psychological traits,transformational leadership,and firm performance in high-technology start-up and established firms[J]. Journal of Management,2009,35(2):348-368.

[61]Piktialis D. The generational divide in talent management[J]. Workspan,2006,49(3):10-12.

[62]Quinn J B,Anderson P,Finkelstein S. Managing professional intellect: Making the most of the best[J]. Harvard Business Review,1996,74(2):71.

[63]Raudenbush S W. Hierarchical linear models:Applications and data analysis methods (Vol. 1)[M]. London:Sage Publication,Inc. ,2002.

[64]Rego A,Marques C,Leal S,et al. Psychological capital and performance

of Portuguese civil servants：Exploring neutralizers in the context of an appraisal system[J]. The International Journal of Human Resource Management，2010，21 (9)：1531-1552.

[65]Reichers A E，Wanous J P，Austin J T. Understanding and managing cynicism about organizational change[J]. The Academy of Management Executive，1997，11(1)：48-59.

[66]Rizzo J R，House R J，Lirtzman S I. Role conflict and ambiguity in complex organizations[J]. Administrative Science Quarterly，1970，15(2)：150-163.

[67]Ron H，Dina S H，Louis S. Education and capital development：Capital as durable personal，social，economic and political influences on the happiness of individuals[J]. Education，2003，123(3)：496.

[68]Rothbard N P. Enriching or depleting? The dynamics of engagement in work and family roles [J]. Administrative Science Quarterly, 2001, 46 (4)：655-684.

[69]Rowh M. Managing younger workers-Today's younger workers have a different perspective on life and work than older employees. How can your workplace bridge the generation gap so that everybody is cooperatively focused on taking care of business? [J]. Office Solutions，2007，24(1)：29.

[70]Saks A M，Uggerslev K L，Fassina N E. Socialization tactics and newcomer adjustment：A meta-analytic review and test of a model[J]. Journal of Vocational Behavior，2007，70(3)：413-446.

[71]Salanova M，Agut S，Peiro J M. Linking organizational resources and work engagement to employee performance and customer loyalty：The mediation of service climate[J]. Journal of Applied Psychology，2005，90(6)：1217.

[72]Schaufeli W，Salanova M. Work engagement：On how to better catch a shippery concept [J]. European Journal Work and Organizational Psychology，2011，20(1)：39-46.

[73]Schaufeli W B. Work engagement in Europe[J]. Organizational Dynamics，2018，47(2)：99-106.

[74]Schaufeli W B，Bakker A B. Job demands，job resources，and their relationship with burnout and engagement：A multi-sample study[J]. Journal of Organizational Behavior，2004，25(3)：293-315.

[75]Schaufeli W B，Bakker A B，Salanova M. The measurement of work engagement with a short questionnaire：A cross-national study[J]. Educational and Psychological Measurement，2006，66(4)：701-716.

[76]Schaufeli W B，Bakker A B，Van Rhenen W. How changes in job de-

mands and resources predict burnout, work engagement, and sickness absenteeism [J]. Journal of Organizational Behavior, 2009, 30(7): 893-917.

[77]Schaufeli W B, Salanova M, González-Romá V, et al. The measurement of engagement and burnout: A two sample confirmatory factor analytic approach [J]. Journal of Happiness Studies, 2002, 3(1): 71-92.

[78]Scheier M F, Carver C S. Optimism, coping, and health: Assessment and implications of generalized outcome expectancies[J]. Health Psychology, 1985, 4 (3): 219.

[79]Schein E H. Organizational culture[J]. American Psychologist, 1990, 45 (2): 109.

[80]Scottl K S, Moore K S, Miceli M P. An exploration of the meaning and consequences of workaholism[J]. Human Relations, 1997, 50(3): 287-314.

[81]Seligman M E, Csikszentmihalyi M. Positive psychology: An introduction [J]. American Psychologist, 2000, 55(1): 5.

[82]Seligman M E, Schulman P. Explanatory style as a predictor of productivity and quitting among life insurance sales agents[J]. Journal of Personality and Social Psychology, 1986, 50(4): 832.

[83]Shaw J D, Gupta N, Delery J E. Alternative conceptualizations of the relationship between voluntary turnover and organizational performance[J]. Academy of Management Journal, 2005, 48(1): 50-68.

[84]Shimazu A, Schaufeli W, Kosugi S, et al. Work engagement in Japan: Validation of the Japanese version of the Utrecht Work Engagement Scale[J]. Applied Psychology, 2008, 57(3): 510-523.

[85]Snyder C R, Rand K L, Sigmon D R. Hope theory: A member of the positive psychology family[M]// Snyder C R, Lopez J S. Handbook of Positive Psychology. Oxford: Oxford University Press, 2005: 257-266.

[86]Snyder C, Berg C, Woodward J T, et al. Hope against the cold: Individual differences in trait hope and acute pain tolerance on the cold pressor task[J]. Journal of Personality, 2005, 73(2): 287-312.

[87]Snyder C R, Sympson S C, Ybasco F C, et al. Development and validation of the State Hope Scale[J]. Journal of Personality and Social Psychology, 1996, 70 (2): 321.

[88]Sonnentag S. Recovery, work engagement, and proactive behavior: A new look at the interface between nonwork and work[J]. Journal of Applied Psychology, 2003, 88(3): 513.

[89]Sonnentag S, Mojza E J, Binnewies C, et al. Being engaged at work and

detached at home：A week-level study on work engagement，psychological detachment，and affect[J]. Work & Stress，2008，22(3)：257-276.

[90]Storm K，Rothmann S. A psychometric analysis of the Utrecht Work Engagement Scale in the South African police service[J]. SA Journal of Industrial Psychology，2003，33(4)：219-226.

[91]Taris T W，Schaufeli W B，Shimazu A. The push and pull of work：The differences between workaholism and work engagement[M]// Bakker A B，Leiter M P. Work Engagement：A Handbook of Essential Theory and Research. New York：Psychology Press，2010.

[92]Turner N，Barling J，Zacharatos A. Positive psychology at work[M]// Snyder C R，Lopez J S. Handbook of Positive Psychology. Oxford：Oxford University Press，2002：715-728.

[93]Van den Broeck A，Vansteenkiste M，De Witte H，et al. Explaining the relationships between job characteristics，burnout，and engagement：The role of basic psychological need satisfaction[J]. Work & Stress，2008，22(3)：277-294.

[94]Wanberg C R，Kammeyer-Mueller J D. Predictors and outcomes of proactivity in the socialization process[J]. Journal of Applied Psychology，2008，85(3)：373.

[95]Wanous J P，Reichers A E. New employee orientation programs[J]. Human Resource Management Review，2001，10(4)：435-451.

[96]Xanthopoulou D，Bakker A B，Demerouti E，et al. Reciprocal relationships between job resources，personal resources，and work engagement[J]. Journal of Vocational Behavior，2009，74(3)：235-244.

[97]王明辉,凌文辁. 员工组织社会化研究的概况[J]. 心理科学进展,2006,14(5)：722-728.

[98]王雁飞,朱瑜. 组织社会化理论及其研究评介[J]. 外国经济与管理,2006,28(5)：31-38.

[99]王庆燕,石金涛. 新员工心理契约短期动态变化的实证研究[J]. 心理科学,2007,30(2)：311-315.

[100]王晓光. 微博客用户行为特征与关系特征实证分析——以"新浪微博"为例[J]. 图书情报工作,2010,54(14)：66-70.

[101]李强,姚琦,乐国安. 新员工组织社会化与入职期望研究[J]. 南开管理评论,2006,9(3)：38-42.

[102]柯江林,孙健敏,李永瑞. 心理资本：本土量表的开发及中西比较[J]. 心理学报,2009,41(9)：875-888.

[103]盛宇. 基于微博的学科热点发现、追踪与分析[J]. 图书情报工作,2012,

56(8):32-37.

[104]符益群,凌文栓,方俐洛.人力资源配置的动态匹配模型[J].经济管理,2003,5:40-42.

[105][英]凯西·卡麦孧.建构扎根理论:质性研究实践指南[M].边国英,译.重庆:重庆大学出版社,2009.

[106]温磊,七十三,张三柱.心理资本问卷的初步修订[J].中国临床心理学杂志,2009,17(2):148-150.

[107]陈诚,文鹏.新生代员工学习意愿与企业导师知识共享行为[J].经济管理,2011,10:87-93.

[108]黄敏学,李小玲,朱华伟.企业被"逼捐"现象的剖析:是大众"无理"还是企业"无良"?[J].管理世界,2008,10:115-126.